...ppe.

Jurisprudence
des
mines.

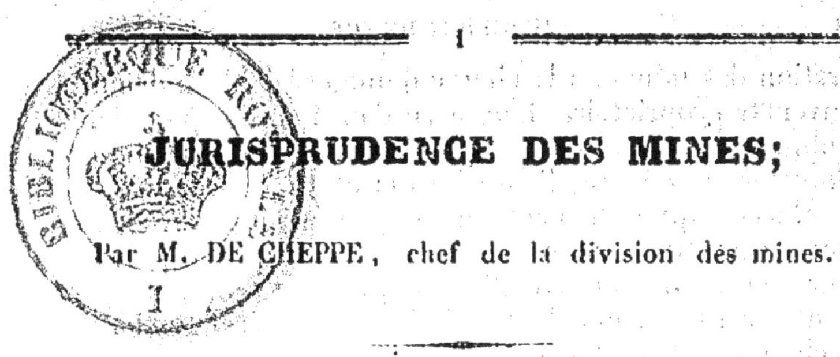

JURISPRUDENCE DES MINES;

Par M. DE CHEPPE, chef de la division des mines.

RECHERCHES DE MINES.

1. *Lorsque deux personnes demandent à exécuter des recherches de mines sur un terrain appartenant à autrui, et que le propriétaire ne donne son consentement qu'à l'une des deux, le gouvernement peut, en vertu de l'article* 10 *de la loi du* 21 *avril* 1810, *autoriser celle qui s'est trouvée exclue à opérer les recherches avec l'autre concurrent, s'il juge que cela sera utile à l'intérêt public.*
2. *Dans le cas où il s'agit d'un terrain communal, le préfet est compétent pour régler, sur l'avis du conseil municipal, le mode suivant lequel la commune veut déléguer la faculté qu'elle possède de faire des recherches dans son propre terrain.*

   Si donc le préfet donne son approbation à la délibération du conseil municipal qui exclut l'une des deux compagnies, tout se trouve consommé sous le rapport de la tutelle communale.

   Mais le gouvernement peut user alors du droit que lui confère l'article 10, *et, agissant au nom de l'intérêt public, admettre les deux concurrents à faire les explorations.*

Aux termes de l'article 10 de la loi du 21 avril 1810, lorsqu'un tiers demande à faire des recherches de mines sur des terrains qui ne lui appartiennent pas, et que le propriétaire refuse son consentement, le gouvernement a la faculté d'autoriser les travaux, sur l'avis de l'administration des mines, à la charge d'une préalable indemnité envers le propriétaire. L'on a vu dans l'un des précédents volumes des *Annales* (1), qu'en ce cas, c'est par une ordonnance royale que l'autorisation doit être accordée.

Mais lorsque deux personnes se présentent pour exécuter des explorations sur un même fonds, et que le propriétaire ne donne son assentiment qu'à une seule, peut-on conférer à la seconde la permission de se livrer aussi à des recherches sur ce terrain?

Comment doit-on procéder s'il s'agit d'un bien communal?

Ces questions se sont présentées dans deux affaires que nous allons rapporter.

Dans la première, deux sociétés, la compagnie Servat et la compagnie Ducos, avaient demandé à rechercher des mines de fer dans un terrain appartenant à la commune de Massat, département de l'Ariége. Le conseil municipal accorda à la compagnie Servat seule la faculté d'entreprendre ces travaux.

La compagnie Ducos se pourvut auprès de l'autorité.

Les ingénieurs des mines ont exposé qu'il y aurait de l'avantage à ce que les recherches fussent faites par les deux sociétés, attendu qu'on aurait ainsi plus de probabilité de parvenir à des découvertes.

Le préfet, partageant la même opinion, et jugeant en outre que la commune avait mal compris ses intérêts, parce qu'il serait utile pour elle que l'on arrivât promptement à découvrir des gîtes exploitables, refusa de sanctionner la délibération du conseil municipal et en référa à l'autorité.

A cette époque, l'administration des mines faisait partie du ministère de l'intérieur. Le directeur général, conformément à l'avis du conseil général des mines, proposa au ministre d'autoriser les deux compagnies. Cette proposition fut adoptée.

On considéra que le ministre de l'intérieur, comme chargé de la tutelle communale, avait le pouvoir de régler dans l'intérêt de la commune, qui se confondait ici avec l'intérêt public, le mode suivant lequel il convenait qu'elle déléguât le droit qui lui appartenait, à titre de

(1) Tome 2, 3e série, pag. 559 et suiv.

propriétaire, de faire des recherches sur son terrain. En conséquence une décision du 9 octobre 1830 permit à MM. Ducos d'exécuter simultanément avec la société Servat des travaux de recherches sur le terrain de la commune de Massat. Des démarcations distinctes furent assignées à cet effet à chacune des deux compagnies.

Dans la seconde affaire, deux sociétés, MM. Tourangin et compagnie, et MM. Luzarche et Grenouillet, se présentaient également pour rechercher une mine de plomb sur un terrain dont la commune d'Urciers, département de l'Indre, est propriétaire.

Le conseil municipal d'Urciers rejeta les offres de MM. Tourangin, et se prononça exclusivement en faveur de MM. Luzarche et Grenouillet.

Le préfet de l'Indre revêtit de sa sanction la délibération du conseil minicipal.

MM. Luzarche et Grenouillet commencèrent leurs explorations; mais ayant été forcés de les interrompre pendant quelque temps à cause de la mauvaise saison, MM. Tourangin formèrent une demande pour obtenir la permission de poursuivre ces travaux.

Le préfet jugea devoir rejeter cette demande.

Il y avait donc ici cette différence avec la première espèce, que la délibération du conseil municipal, qui excluait l'un des deux concurrents, se trouvait sanctionnée par le préfet.

Le ministre de l'intérieur, à qui l'affaire fut communiquée, observa que les préfets étaient compétents pour régler, sur l'avis des conseils municipaux, l'exercice du droit que les communes possèdent, comme propriétaires, de faire ou de céder à des tiers la faculté d'entreprendre des recherches de mines sur leurs terrains; qu'ainsi tout était consommé sous le rapport de la tutelle communale.

En effet, d'après la nouvelle loi du 18 juillet 1837, les délibérations des conseils municipaux ayant pour objet des ventes ou échanges d'immeubles, le partage de biens indivis dont la valeur n'excède pas un certain taux, sont exécutoires sur arrêté du préfet. A plus forte raison doit-il en être ainsi pour de simples recherches qui ne sont point une aliénation, qui ne sont qu'une délégation temporaire d'un exercice du droit de propriété.

Il s'agissait dès lors, en cet état de choses, de décider si, sous le point de vue de l'intérêt public et en vertu de l'article 10 de la loi du 21 avril 1810, il y avait lieu d'admettre la compagnie Tourangin à explorer avec l'autre société le territoire communal d'Urciers.

Le conseil général des mines a pensé qu'il importait au succès de ces travaux, et qu'il était nécessaire, pour la concession ou les concessions que l'on aurait ultérieurement à instituer en cas de découvertes de gîtes exploitables, que des recherches fussent opérées par les deux compagnies. Il a reconnu que le terrain était d'ailleurs assez étendu pour qu'elles pussent effectuer conjointement ces explorations; il lui a paru enfin que le droit qui est conféré au gouvernement, d'autoriser des recherches sur le refus du propriétaire, s'étendait nécessairement au cas où le propriétaire ne donne son consentement qu'à un seul des concurrents et le refuse à l'autre.

Le directeur général et le ministre des travaux publics, de l'agriculture et du commerce ont partagé cet avis, et par une ordonnance royale du 28 novembre 1837 (1), la compagnie Tourangin a été admise, conjointement avec MM. Luzarche et Grenouillet, à opérer des recherches dans le terrain qui appartient à la commune d'Urciers.

On avait objecté dans cette affaire que la commune d'Urciers ayant donné son consentement à la compagnie Luzarche et Grenouillet, cette dernière société se trouvait représenter la commune; et on contestait que l'article 10 de la loi pût être applicable; on prétendait que cet article ne concerne que le cas où le propriétaire ne fait pas lui-même des recherches et n'a mis personne en son lieu et place pour les entreprendre. Mais on a jugé que cette objection n'était point fondée.

L'article 10 en effet ne contient pas une telle distinction; elle eût été contraire au but que l'on s'y est proposé de favoriser les recherches de mines, la découverte des substances minérales si importantes pour le pays Si par cela seul qu'un propriétaire fait lui-même des recherches, ou a cédé cette faculté à un autre, le gouvernement se trouvait privé du droit d'autoriser un tiers à en entreprendre également, il en résulterait que si le propriétaire ou son représentant n'effectuaient que des travaux imparfaits, bornés à un petit espace, un terrain vaste, où l'on aurait pu faire

---

(1) Voir cette ordonnance, ci-après, page 679.

peut-être d'utiles découvertes, resterait inexploré. Ce propriétaire pourrait même, à l'aide de quelques sondages insignifiants, qui n'auraient au fond rien de sérieux, et sous le prétexte seulement qu'il se livre à une exploration, arrêter l'action du gouvernement; l'intention prévoyante de la loi serait éludée. Tout propriétaire, quand il le voudrait, pourrait empêcher les recherches. Il est évident qu'il n'en saurait être ainsi. Sans doute on n'est point en droit d'exclure celui qu'il a admis et de mettre un autre à sa place; sans doute aussi il convient de n'employer qu'avec mesure la faculté de permettre à un tiers d'opérer des travaux sur la propriété d'autrui; on ne doit se décider à délivrer une semblable autorisation que par des motifs graves. Mais quand ces motifs existent, il appartient au gouvernement d'user du droit qui lui est conféré par les termes explicites et formels de l'article 10 de la loi du 21 avril 1810. Dans les affaires de mines, où la propriété se trouve en contact avec l'intérêt public, il ne faut pas perdre de vue que l'intérêt général est la base de cette loi spéciale, le but de ses dispositions. Au premier abord, on peut s'étonner qu'un propriétaire soit forcé de laisser fouiller son terrain contre son gré, d'y admettre un tiers qu'il n'a pas choisi, et cela alors même qu'un autre a obtenu son consentement. Mais pour peu qu'on y regarde de plus près, on reconnaît facilement que le législateur ne pouvait laisser l'intérêt général à la merci d'oppositions mal entendues; et que dès lors il devait donner à l'administration publique, agissant dans cet intérêt, les moyens de vaincre des résistances qui l'auraient compromis.

Il est bon de dire du reste que les difficultés de cette nature sont rares. Généralement les propriétaires s'entendent avec les explorateurs; et ce n'a été que dans des circonstances tout à fait exceptionnelles que le gouvernement s'est vu dans la nécessité d'intervenir. La faculté dont il avait besoin existe; cela suffit pour aplanir bien des obstacles; et c'est ainsi qu'il faut toujours s'applaudir de la sage prévoyance des lois.

MINES. — INDEMNITÉS POUR TRAVAUX DE RECHERCHES ET OCCUPATIONS DE TERRAINS.

1. *C'est aux conseils de préfecture qu'il appartient de régler les indemnités qui sont dues aux propriétaires du sol par les explorateurs de mines qui ont obtenu du gouvernement l'autorisation d'étendre leurs recherches sur les terrains de ces propriétaires, ou par un concessionnaire qui y entreprend des travaux.*
2. *Pareillement, c'est à la même juridiction que doivent s'adresser les concessionnaires de mines, à l'effet d'être mis en possession des terrains qui leur sont nécessaires pour un travail d'art, et qui se trouvent situés dans l'enceinte de leur concession* (1).

MINES. — DEMANDES EN CONCESSION.

Il n'y a lieu de procéder aux publications et affiches des demandes en concession de mines, et d'instituer des concessions, que lorsque l'existence des gîtes minéraux est suffisamment constatée.

On a vu dans plusieurs numéros précédents des décisions qui ont refusé de faire publier et afficher, et qui ont déclaré comme non avenues des demandes en concession de mines, à défaut d'une existence suffisamment constatée des gîtes minéraux dont ces demandes étaient l'objet.

Ces décisions avaient été rendues dans des espèces particulières. Il convenait d'indiquer d'une manière générale,

(1) Voir ci-après, page 672, l'arrêté de M. le ministre des travaux publics, de l'agriculture et du commerce, du 7 octobre 1837, et page 703, la circulaire de M. le directeur général des ponts-et-chaussées et des mines, du 5 novembre.

pour tous les cas analogues qui peuvent se présenter, les règles qui doivent être suivies et les considérations sur lesquelles elles reposent. A cet effet, une circulaire a été adressée, le 31 octobre 1837, à MM. les préfets des départements et à MM. les ingénieurs des mines. On la trouvera ci-après, page 699.

MINES.

1. *L'article 51 de la loi du 21 avril 1810, qui a rendu perpétuelles les concessions temporaires antérieures, ne s'applique qu'aux concessions qui ont pour objet des substances minérales que la loi déclare concessibles, c'est-à-dire qu'aux substances qu'elle a rangées dans la classe des mines.*

   Quant aux concessions qui ont été faites anciennement de substances qui ne sont plus aujourd'hui concessibles, les titulaires ne peuvent prétendre qu'à en conserver la jouissance pendant la durée qui a été fixée dans les actes qui les ont instituées.

2. *Lorsque l'acte relatif à une concession de ce genre n'a déterminé que provisoirement une certaine redevance, et a stipulé que celle qui serait payée à l'avenir devrait être réglée suivant le mode déterminé par la nouvelle législation à intervenir, on ne peut laisser aux concessionnaires l'option de s'en tenir au taux provisoire de redevance indiqué dans leur titre. La perception doit avoir lieu conformément aux règles établies par cette législation nouvelle.*

Les terres pyriteuses et vitrioliques en dépôts d'alluvion, lorsqu'on les exploite pour la fabrication de l'alun, du sulfate de fer et autres sels, sont rangées par la loi du 21 avril 1810, dans la classe des minières, et leur exploitation n'est assujettie qu'à une simple permission. Mais les lois antérieures ne les avaient point distinguées des autres gîtes de minerais; elles les comprenaient sous la dénomination générale de mines, et partant, les déclaraient concessibles par leur nature.

Deux décrets du 11 mai 1807 ont ainsi institué des concessions, pour l'exploitation de ces substances, dans les communes d'Urcel et de Chaillevet, département de l'Aisne. Ces concessions étaient faites pour cinquante années. Les décrets portaient en outre que la redevance à payer à l'état serait provisoirement, pendant deux ans, de 500 francs par année; qu'après ce délai, elle serait réglée définitivement, suivant le mode qui se trouverait établi par la nouvelle législation sur les mines.

Cette législation est intervenue en 1810; elle fixe la redevance proportionnelle au vingtième du produit net, et elle ne reconnaît plus comme concessibles les substances dont avaient disposé les décrets précités.

La question s'est présentée de savoir quels devaient être désormais les effets de ces actes souverains, c'est-à-dire si le bénéfice de la disposition qui déclare perpétuelles les anciennes concessions dont la durée n'était point expirée, pouvait être acquis aux concessionnaires d'Urcel et de Chaillevet.

Il a paru au directeur général des mines et au ministre de l'intérieur, qu'on ne pouvait étendre ainsi les termes de la loi; qu'on devait, pour ne point lui donner un effet rétroactif, maintenir la jouissance des concessionnaires, mais seulement pendant la durée fixée par les titres primitifs; que c'était là tout ce que demandait l'équité.

Un arrêté du ministre, du 28 janvier 1812, a statué en ce sens.

Quant à la redevance proportionnelle, le même arrêté laissait le choix aux concessionnaires entre celle qui est fixée par la loi du 21 avril 1810, et celle que les titres d'institution avaient déterminée.

Aux termes de cette loi, les concessionnaires de mines peuvent faire des soumissions d'abonnement. Usant de cette faculté, les concessionnaires d'Urcel et de Chaillevet ont soumissionné des abonnements, les premiers de 300 francs, les seconds de 200 francs. Ces abonnements ont été acceptés le 12 février 1812. Ils ont duré jusqu'en 1825, époque à laquelle une remise de toute redevance fut accordée pendant dix années.

En 1835, ces concessionnaires formèrent une demande pour obtenir qu'elle fût continuée. Cette demande fut rejetée. Alors ils invoquèrent le bénéfice de l'option résultant de la décision ministérielle de 1812; elle leur fut déférée, mais seulement pour une année. Il s'est agi ensuite de statuer pour l'avenir d'une manière définitive.

On a reconnu que l'on devait suivre le régime établi par la loi du 21 avril 1810, c'est-à-dire percevoir le vingtième du produit net. En effet, la redevance fixe avait été constamment perçue d'après la nouvelle législation. Depuis 1812, les concessionnaires avaient acquitté, conformément au régime établi par cette même législation, la redevance proportionnelle : on ne pouvait, ainsi que l'avait fait l'arrêté de 1812, laisser l'option, puisque les décrets de 1807 portaient que la redevance n'était que *provisoirement* réglée à 500 francs, et qu'elle serait par la suite fixée définitivement suivant le mode que prescrirait la nouvelle législation.

En ce qui concernait la question de la durée des concessions, on a considéré de nouveau que si l'article 51 a déclaré propriétaires incommutables les concessionnaires dont les titres étaient antérieurs à 1810, cette disposition ne peut toutefois s'appliquer qu'aux substances que la loi a maintenues dans la classe des gîtes concessibles, et non à celles qu'elle a affranchies de cette condition, comme devant être une dépendance de la propriété du sol.

Le principe de non rétroactivité veut que les concessionnaires de ces dernières substances en conservent la jouissance pendant toute la durée qui a été fixée par leurs titres; mais il n'exige rien de plus. Le législateur, pour mieux assurer l'aménagement des mines, pour prévenir les graves inconvénients qui résultaient des jouissances temporaires que l'on accordait autrefois, ayant décidé par l'article 7 que les concessions seraient désormais perpétuelles, a voulu que les anciennes concessions reçussent dès ce moment le même caractère : tel est le sens, le but de l'article 51. Par conséquent, par ces mots *concessionnaires antérieurs*, il n'a pu entendre que les concessionnaires de *mines*, que ceux qui exploitaient les gîtes minéraux, dont il voulait garantir la bonne exploitation, en inspirant à leurs possesseurs, par la perpétuité qu'il donnait à leur jouissance, cet esprit de sage économie, de conservation, qui s'attache à une propriété que l'on regarde comme un patrimoine, comme un bien de famille. Quant aux autres concessionnaires, il n'avait aucun motif pour leur accorder la même faveur. Il y aurait même eu de la contradiction à procéder ainsi; car, rendre une concession perpétuelle, de temporaire qu'elle était, c'est en quelque sorte la concéder de nouveau; c'est la prendre où elle finit pour la faire revivre, et il est évident qu'une loi, qui n'admet plus les concessions d'une certaine matière minérale, n'a pu avoir la pensée de donner la perpétuité à ces mêmes concessions. Les titulaires n'ont point à se plaindre, ils n'ont rien à réclamer; quand on laisse à leur possession toute la durée fixée dans leurs titres, on fait tout ce qui est juste à leur égard. Sur quoi pourraient-ils se fonder pour prétendre la conserver au delà du temps pour lequel ils l'avaient obtenue? Assurément ce n'est pas sur une loi qui est venue précisément déclarer que cette matière n'est point concessible; mais à côté d'eux se trouvent les propriétaires du sol: ceux-là sont véritablement fondés à revendiquer, à l'expiration du terme de la concession, ce qui, d'après la loi nouvelle, forme une dépendance de la propriété de la surface; c'est envers eux que l'on serait injuste, si on leur interdisait de rentrer dans ce qui leur appartient, dans un bien dont ils n'étaient privés que temporairement.

D'après les motifs qui viennent d'être exposés, le ministre des travaux publics, de l'agriculture et du commerce a, sur la proposition du directeur général des ponts et chaussées et des mines, et par décision du 25 novembre 1837, maintenu l'arrêté de 1812 dans les dispositions qui portaient que les concessions d'Urcel et de Chaillevet n'auraient d'autre durée que celle qui était fixée par les décrets d'institution; et il a rapporté cet arrêté dans la disposition seulement qui laissait l'option aux concessionnaires, en ce qui concerne la redevance proportionnelle due à l'état: il a statué que cette redevance serait perçue conformément aux règles établies par la loi du 21 avril 1810 et le décret du 6 mai 1811.

Nous citerons à cette occasion un autre exemple dans lequel le principe, que les articles 51 et 53 de la loi ne concernent point les substances qui ne sont plus concessibles, a reçu son application en matière de carrières.

Un arrêt du conseil, du 6 mars 1787, a accordé à une compagnie le droit d'exploiter pendant trente ans, dans un rayon de 1,500 toises, les ardoisières de Rimogne, dans le département des Ardennes.

Plusieurs années après, en 1795, des propriétaires du sol, ayant voulu extraire de l'ardoise sur ce même terrain, un arrêté du comité de salut public, du 13 messidor an III, maintint la compagnie dans la jouissance de sa concession, dont le terme n'était point encore expiré, et fit défense de la troubler.

En l'an IV, même décision du directoire exécutif, du 8 nivôse, à l'occasion de nouveaux troubles que cette société avait éprouvés.

En 1811, la compagnie demanda que sa concession fût délimitée et déclarée perpétuelle, réclamant à cet égard le bénéfice des articles 51 et 53 de la loi de 1810, qu'elle soutenait lui être applicables.

Les autorités locales proposèrent d'accueillir cette demande.

Le conseil général des mines conclut dans le même sens, mais par cette considération toute spéciale, que ces ardoisières, d'après l'importance de leur exploitation et la nature des travaux d'art qu'elles exigeaient, se trouvaient dans une catégorie particulière, analogue à celle des gîtes minéraux que la loi regarde comme concessibles.

Le ministre de l'intérieur proposa de proroger pendant vingt années la permission d'exploiter; il présenta à cet effet un projet de décret.

Mais le conseil d'état, considérant que les ardoisières sont rangées parmi les substances qui font partie de la propriété de la superficie, et dont l'exploitation n'est assujettie qu'à la surveillance de la police et de l'administration; que, par conséquent, à l'expiration des trente années fixées par l'arrêt de 1787, les propriétaires du sol auraient le droit de rentrer en possession des portions de ces ardoisières qui seraient situées sur leurs terrains, a pensé qu'on ne pouvait accorder à la compagnie aucune prorogation de permission. Seulement, observant, d'un autre côté, que la loi n'avait pas prévu le cas où de grandes exploitations, telles que celles de Rimogne, ont besoin de s'étendre, pour le développement de leurs travaux, sur des terrains d'autrui; que si les propriétaires du sol s'opposaient un jour à ces exploitations pour se livrer eux-mêmes à des extractions partielles et isolées, il pourrait en résulter un grave préjudice pour l'industrie ; qu'il importait dès lors de donner des garanties de jouissance et d'avenir à ceux qui entreprennent à grands frais des exploitations de ce genre, le conseil d'état demanda que le ministre avisât aux dispositions qu'il conviendrait d'établir pour concilier l'intérêt public en semblables circonstances avec les intérêts des propriétaires du terrain.

Cet avis reçut l'approbation de l'empereur, le 28 avril 1813.

Le conseil général des mines fut appelé à préparer les bases des mesures demandées par le conseil d'état.

Elles firent l'objet d'un projet de loi qui fut renvoyé en 1816 à l'examen du comité de l'intérieur du conseil d'état.

Dans le projet proposé par le comité, on admettait la concessibilité pour les grandes exploitations d'ardoisières, à la charge toutefois, par ceux qui se présenteraient pour obtenir ces concessions, de se procurer préalablement le consentement des propriétaires du terrain. En cas de refus de ces propriétaires, et s'ils ne s'engageaient pas à exploiter par eux-mêmes, il pouvait être procédé à l'expropriation dans les formes de la loi du 8 mars 1810. Les exploitants actuels étaient maintenus à perpétuité dans leur jouissance.

On ne donna pas suite à ce projet.

En 1819, la compagnie de Rimogne, dont la concession était expirée dès 1817, demanda un renouvellement de concession.

Le conseil général des mines fit observer que, d'après l'avis du conseil d'état du 13 avril 1813, qui avait eu l'autorité d'une décision par l'approbation du chef du gouvernement, on ne pouvait accueillir la demande de la compagnie ; que tout ce qui était possible, c'était de recourir à des mesures législatives. Il proposa un nouveau projet de loi qui fut adopté le 8 juin 1820 par le conseil d'état, et qui consistait principalement à assujettir les propriétaires du sol à l'obligation de livrer aux exploitants de carrières les terrains nécessaires à l'ouverture des galeries qui seraient reconnues indispensables pour l'écoulement des eaux, et par le passage d'un champ d'exploitation dans un autre. Il devait être procédé, dans ces cas, conformément aux règles de l'expropriation pour cause d'utilité publique. Enfin, on déterminait les servitudes que des exploitations limitrophes auraient à supporter entre elles, en établissant que les dispositions de l'article 45 de la loi du 21 avril 1810, qui sont spéciales aux mines, s'étendraient aux minières, carrières ou ardoisières.

Les choses sont demeurées en cet état. Mais l'on voit que l'on reconnaissait que les articles 51 et 53 de la loi du 21 avril 1810 ne peuvent s'étendre aux anciennes concessions de substances qui ne sont plus concessibles sous l'empire de la législation actuelle; qu'on n'aurait point le droit de proroger la durée de ces concessions au delà du terme fixé par les actes qui les ont instituées; qu'à l'expiration de ce terme, les propriétaires du sol doivent avoir la faculté de rentrer dans la pleine possession de leurs terrains; qu'enfin une loi nouvelle serait absolument indispensable pour rendre applicables aux carrières ou ardoisières les dispositions qui concernent les mines dans la loi du 21 avril 1810.

MINES.

1. *A l'autorité administrative seule il appartient de déterminer les limites d'une ancienne concession de mine, lorsqu'elles n'ont point été fixées par le titre primitif ou en exécution de la loi du* 28 *juillet* 1791.
2. *Un conseil de préfecture, qui en interprétant l'acte de vente d'une concession de ce genre fait à des tiers par l'état ou un établissement public, aurait préjugé la délimitation de la mine et l'étendue de la concession, excède les limites de sa compétence* (1).
3. *Le ministre peut se pourvoir directement au con-*

(1) Nous avons rapporté dans le tome V (3e série des *Annales*), page 675, une ordonnance du 5 décembre 1833, qui, conformément aux principes appliqués dans l'espèce présente, a également annulé l'arrêté d'un conseil de préfecture statuant sur les limites d'une concession de mine.

seil d'état contre cet arrêté, en vertu de l'article 25 du décret du 11 juin 1806 et de l'article 16 du décret du 22 juillet même année. Les règles relatives aux tierces-oppositions ne sont point ici applicables.

Un arrêt du conseil, du 1er mars 1763, a accordé pour trente ans, au chapitre de Lure et à MM. de Reynac et d'Andelaw, baron de Ronchamp, la concession d'une mine de houille qu'ils avaient découverte sur les territoires de Champagney et de Ronchamp, en Franche-Comté.

Par un second arrêt, du 30 mars 1784, cette concession fut prorogée de trente années.

A la révolution, la mine de Ronchamp et Champagney, par suite de l'émigration des concessionnaires, devint propriété nationale.

MM. de Reynac et d'Andelaw étant rentrés en France, furent réintégrés dans la moitié qui leur appartenait sur cette concession, d'après les arrêts de 1763 et 1784.

L'autre moitié, provenant du chapitre de Lure, fut affectée à la dotation de la Légion-d'Honneur.

Cette seconde portion passa ensuite à la caisse d'amortissement, et celle-ci la vendit aux enchères publiques, le 4 juin 1812, à MM. d'Andelaw, Dolfus et consorts, déjà propriétaires de l'autre moitié. Il fut énoncé dans l'acte que la houillère était vendue dans l'état où elle se trouvait, et telle qu'en avaient joui et avaient droit d'en jouir la caisse d'amortissement et les précédents possesseurs, mais sans désignation de limites, et à la charge par les acquéreurs de se conformer aux dispositions de la loi du 21 avril 1810, et aux obligations imposées à tous propriétaires de mines, sans pouvoir aucunement s'en dispenser à raison de l'origine de la propriété.

En 1822, des tiers ayant demandé une concession des mines de houille sur le territoire de Champagney, MM. d'Andelaw, Dolfus et consorts crurent devoir recourir au conseil de préfecture de la Haute-Saône pour faire interpréter la vente qui leur avait été faite.

Le conseil de préfecture admit leur requête, et rendit le 13 juin 1823, un arrêté ainsi conçu :

Art. 1er. « L'adjudication, du 4 juin 1812, passée à » MM. d'Andelaw et Dolfus, de la moitié des houillères » de Ronchamp et Champagney, a conféré aux acqué-

» reurs le droit d'exploiter la mine dans la moitié de » toute l'étendue des territoires de ces deux communes.

Art. 2. « Les parties conservent tous leurs droits pour » faire décider par qui il appartiendra sur l'étendue et » la nature de la concession primitive des houillères. »

Les demandeurs en concession attaquèrent cet arrêté au conseil d'état.

Une ordonnance royale, du 11 août 1824, les déclara non recevables, comme étant sans qualité et sans droit pour se pourvoir contre l'arrêté du conseil de préfecture, lequel, en tant qu'il aurait préjugé la question de délimitation, ne pouvait être attaqué que par l'administration.

A la suite de cet incident, l'autorité administrative, en procédant à l'instruction des demandes en concession dont l'instance avait été reprise, jugea qu'il y avait lieu par elle de provoquer l'annulation de l'arrêté du conseil de préfecture du 13 juin 1823, que MM. d'Andelaw et consorts opposaient à tout demandeur en concession de mines dans cette localité, et sur lequel ils s'appuyaient pour se refuser à une délimitation.

En conséquence, et à la suite de l'examen de l'affaire en conseil général des mines, le ministre de l'intérieur a provoqué cette annulation, le 23 avril 1825, devant le conseil d'état.

Deux questions étaient à résoudre, question de forme et question de fond.

Question de forme : L'administration n'ayant pas été mise en cause devant le conseil de préfecture lors de l'arrêté attaqué, devait-elle se pourvoir par tierce-opposition contre cet arrêté devant ce même conseil de préfecture, aux termes des articles 474 et 475 du Code de procédure civile, et le pourvoi formé par le ministre devant le conseil d'état était-il par conséquent non recevable? — Ou bien, conformément à l'article 16 du règlement du 22 juillet 1806, le ministre était-il recevable, en tout état de cause, à attaquer au conseil d'état un arrêté du conseil de préfecture, qu'il regardait comme empiétant sur les droits de l'administration?

Question de fond : L'arrêté rendu dans l'espèce par le conseil de préfecture de la Haute-Saône était-il contraire à la loi du 21 avril 1810 sur les mines, et aux attributions que cette loi a conférées en ces matières au pouvoir administratif?

Sur la première question, le ministre a exposé qu'il avait introduit son pourvoi conformément à l'article 25 du décret du 11 juin 1806, sur l'organisation du conseil d'état, et à l'article 16 du décret du 22 juillet même année, portant règlement pour les affaires contentieuses déférées à ce conseil; que son recours, formé uniquement dans l'intérêt de l'exécution de la loi, ne pouvait être assimilé à une tierce opposition, et que le Code de procédure civile ne régissait point d'ailleurs les matières administratives. Les dispositions des deux décrets précités lui donnaient le droit d'exercer un pourvoi direct, et ce droit avait déjà été sanctionné par des ordonnances antérieures. Il ajoutait que chaque jour il faisait usage de ce recours direct dans une multitude de cas, tels que les délits de voirie, les alignements, etc.

Sur la seconde question, le ministre fit observer que le conseil de préfecture de la Haute-Saône avait réellement prononcé une délimitation de concession, en décidant que la vente faite par la caisse d'amortissement à MM. d'Andelaw et Dolfus conférait à ces derniers le droit d'exploitation sur la moitié des deux territoires de Champagney et de Ronchamp. A la vérité, l'article 2 de cet arrêté semblait réserver aux pouvoirs compétents la délimitation à effectuer, mais l'effet de cette seconde disposition se trouvait détruit par la première, puisque celle-ci déterminait elle-même l'étendue de la concession. Or, aux termes de la loi du 21 avril 1810, le gouvernement seul a le droit de fixer les limites d'une concession, et cette fixation doit être faite dans les mêmes formes que celles qui sont prescrites pour l'institution des concessions nouvelles. Enfin, l'article 56 de cette loi porte que s'il s'élève des difficultés entre l'administration et les exploitants, relativement à la limitation des mines, elles seront décidées par l'acte de concession. Les anciens arrêts de 1763 et 1784, qui avaient accordé au chapitre de Lure et à MM. de Reynac et d'Andelaw la mine de houille de Ronchamp et Champagney, ne contenaient point une désignation précise de limites. Plus tard on n'avait point exécuté la loi de 1791, qui voulait que les propriétaires d'anciennes concessions les fissent délimiter par l'administration. La caisse d'amortissement, en transférant à MM. d'Andelaw, Dolfus et compagnie la moitié qui lui appartenait dans la houillère, avait expressément spécifié qu'elle ne vendait cette propriété que telle qu'en avaient joui et avaient droit d'en jouir les précédents possesseurs, sans désignation de limites, et à la charge par les acquéreurs de se conformer aux dispositions de la loi du 21 avril 1810. Ainsi MM. d'Andelaw et compagnie, soit pour la moitié qu'ils possédaient de leur propre chef, soit pour celle qui leur avait été vendue par la caisse d'amortissement, n'étaient propriétaires que d'une ancienne concession non délimitée. Ils se trouvaient dans le cas prévu par l'article 53 de la loi du 21 avril 1810, qui énonce que relativement aux anciennes concessions pour lesquelles on n'a pas exécuté la loi de 1791, et dont on n'a pas fait fixer les limites, elles devront être délimitées sur la demande des exploitants ou à la diligence de l'administration. Le conseil de préfecture de la Haute-Saône ne devait donc point préjuger cette délimitation et l'opérer en quelque sorte, ainsi que le faisait l'article 1er de son arrêté. Par-là il commettait un excès de pouvoir, et agissait contrairement à la loi. Sa décision devait par conséquent être annulée, pour ensuite l'administration fixer les limites de la concession après une instruction régulière et suivant les titres des parties. Si l'on pensait que l'acte de vente fait par la caisse d'amortissement eût besoin d'être interprété, cette interprétation devait se renfermer dans les termes mêmes du contrat, et non les outrepasser en effectuant illégalement une espèce de délimitation anticipée de la mine.

Ces principes ont été consacrés par une ordonnance royale du 19 juillet 1826, rendue sur le rapport du comité du contentieux, et ainsi conçue :

Vu le rapport de notre ministre de l'intérieur, enregistré au secrétariat de notre conseil d'état, le 20 mai 1825, et tendant à l'annulation d'un arrêté du conseil de préfecture du département de la Haute-Saône, du 13 juin 1823, lequel déclare que l'adjudication passée aux sieurs d'Andelaw et Dolfus Mieg, le 4 juin 1812, de la moitié des houillères de Ronchamp et Champagney, a conféré auxdits acquéreurs le droit d'exploiter la mine dans la moitié de toute l'étendue des deux territoires de ces communes;

Vu l'arrêté attaqué;

Vu les requêtes en défense des sieurs Dolfus et consorts, tendant au rejet du pourvoi formé par notredit ministre;

Vu le procès-verbal d'adjudication, du 4 juin 1812;

Vu les observations en réponse, de notre ministre de l'intérieur, enregistrées audit secrétariat général, le 2 mars 1826;

Ensemble toutes les pièces jointes au dossier;

Considérant que la moitié de la houillère dont il s'agit a été aliénée dans l'état où elle se trouvait lors de ladite vente, et telle qu'en avaient joui et avaient droit d'en jouir, sans en rien excepter, la caisse d'amortissement et ses précédents possesseurs, mais sans désignation de limites, et à la charge par l'acquéreur de se conformer aux dispositions de la loi du 21 avril 1810;

Considérant que le conseil de préfecture en assignant pour limites à l'exploitation de la moitié de ladite houillère le territoire entier des deux communes de Ronchamp et de Champagney, a puisé les moyens de son interprétation ailleurs que dans les actes qui ont consommé la vente, et par conséquent a excédé ses pouvoirs;

Qu'aux termes des articles 53 et 56 de la loi du 21 avril 1810, il n'appartient qu'à l'administration d'opérer la délimitation desdites mines, conformément à la déclaration qui va être faite des objets aliénés, ainsi qu'aux règles prescrites par lesdits articles de la loi sus-énoncée;

Notre conseil d'état entendu,

Nous avons ordonné et ordonnons ce qui suit:

Art. 1er. L'arrêté du conseil de préfecture du département de la Haute-Saône, du 13 juin 1823, est annulé.

Il est déclaré qu'il a été vendu aux sieurs Dolfus et consorts la moitié de la houillère de Champagney et de Ronchamp, telle qu'elle se comportait et devait se comporter, avec la faculté de jouir, pour l'exploitation de cette propriété, de toute l'étendue du territoire dont les précédents possesseurs, le chapitre de Lure, l'administration des domaines et la Légion-d'Honneur avaient droit de jouir, et à la charge d'exécuter la loi sur les mines, du 21 avril 1810.

Les sieurs Dolfus et consorts sont renvoyés devant l'administration des mines pour y faire reconnaître et déterminer l'étendue de leurs droits conformément à cette déclaration, ainsi qu'aux règles prescrites par les articles 53 et 56 de la loi du 21 avril 1810.

On a procédé ensuite, d'après cette décision, à la délimitation de la houillère de Ronchamp et Champagney, et une ordonnance royale, du 5 mai 1830 (1), a fixé définitivement les limites de cette ancienne concession.

Mines.

Toute interprétation à faire d'un acte de concession de mine, ou toute modification à y apporter, sont exclusivement du ressort de l'autorité administrative. Le gouvernement qui a institué la concession a seul le droit de prononcer.

Tout ce qui concerne l'exécution de traités qui ont été passés entre le titulaire de la concession et des tiers, soit avant, soit après l'institution de cette concession, est de la compétence des tribunaux ordinaires.

Les faits qui ont précédé la concession définitive des mines de houille de Roche-la-Molière et Firminy, accordée à M. le marquis d'Osmond par l'ordonnance royale du 29 octobre 1814, ont été rappelés dans un article inséré au XIe volume de la 3e série des *Annales*, pag. 611.

Postérieurement à cette ordonnance, des contestations se sont élevées entre MM. Baude et compagnie, représentants de M. le marquis d'Osmond, et les ayant-cause d'anciens associés que ce dernier s'était adjoints avant la révolution pour l'exploitation de ces mines. Ces derniers ont prétendu qu'ils devaient participer à la concession, en vertu de cette ancienne association.

L'ordonnance de 1814 n'avait porte comme titulaire

---

(1) Voir cette ordonnance, tome VIII des *Annales des mines*, 2e série, page 287.

que M. le marquis d'Osmond. Seulement il était dit dans l'article 6 qu'il justifierait, dans un délai de trois mois, de ses facultés pécuniaires par la représentation des extraits de rôles de ses impositions et de *celles de ses associés*. L'article 7, relatif à une des charges de la concession, disait aussi : *M. le marquis d'Osmond et ses associés.*

MM. Ling, Merlat et Barbier, représentants d'anciens associés de M. d'Osmond, soutenaient que, d'après les expressions de ces deux articles, ils se trouvaient compris dans la concession de 1814.

En conséquence, ils ont intenté une action contre MM. Baude et compagnie devant le tribunal civil de Saint-Etienne, puis devant la cour royale de Lyon.

La cour de Lyon, considérant que MM. Ling et consorts n'arguaient d'aucunes conventions privées, et se fondaient uniquement sur l'ordonnance de 1814, les a renvoyés à se pourvoir devant le conseil d'état pour y faire interpréter cette ordonnance.

Ce pourvoi a été formé; le conseil d'état a considéré que l'arrêt du conseil de 1786 a subrogé M. d'Osmond au lieu et place du duc de Charost dans la concession des mines dont il s'agit, sans faire mention d'aucun associé; que le décret de 1812, après avoir annulé pour cause d'incompétence un arrêté du préfet de la Loire, du 23 juillet 1810, qui avait désigné nominativement des associés de M. d'Osmond, et l'avait déclaré propriétaire desdites mines, pour en jouir conjointement avec ses associés, s'est borné à rejeter la demande et nullité de la concession, et à ordonner la délimitation de ces mines : que, par l'ordonnance du 19 octobre 1814, les oppositions contre ladite concession ont été rejetées, et M. d'Osmond déclaré propriétaire incommutable, en vertu des articles 7 et 51 de la loi du 21 avril 1810; que ladite ordonnance n'a fait mention d'associés du marquis d'Osmond que dans les articles 6 et 7, et seulement à propos des justifications de facultés pécuniaires à faire par lui, et de l'obligation de ne vendre qu'aux manufactures de Saint-Etienne la houille extraite dans un certain rayon; mais que cette même ordonnance n'a désigné particulièrement aucun associé du marquis d'Osmond, qu'ainsi elle a laissé entiers les droits des associés quelconques, tels que ces droits peuvent résulter d'actes privés dont il appartient aux tribunaux de déterminer la nature et les effets. Par ces motifs, une ordonnance royale, du 11 février 1829, a décidé que celle du 29 octobre 1814 n'avait point statué sur les droits qui peuvent résulter des conventions privées entre le marquis d'Osmond et ses divers associés. Les parties ont été en conséquence renvoyées à cet égard devant les tribunaux ordinaires.

Cette décision, qui au premier abord semble opposée à celles qui ont été rapportées précédemment (*Voyez* le 8e volume des *Annales*, 3e série, pag. 585 et suiv.), et desquelles il résulte que c'est au gouvernement seul à prononcer si des tiers sont ou non compris parmi les titulaires d'une concession, vient au contraire à l'appui des mêmes principes. En effet, elle n'a pas appelé les tribunaux à juger si les réclamants devaient être reconnus concessionnaires avec le titulaire désigné; elle ne leur donne pas la mission d'interpréter l'acte de concession; nullement : elle interprète elle-même cet acte, elle déclare qu'il n'a point statué sur les droits qui peuvent provenir de conventions privées entre les parties, et ce sont seulement les effets de ces conventions, tels qu'ils pourront résulter de leur contexte, qu'elle remet à l'appréciation de l'autorité judiciaire.

L'ordonnance qui institue un concessionnaire laisse entiers les traités que celui-ci a pu faire avec des tiers. Les réclamations que ces derniers viennent à former, en vertu de ces traités, vis-à-vis du concessionnaire, sont de la compétence des tribunaux, car il s'agit uniquement d'apprécier les effets et la teneur d'un contrat. Dans ce cas les tribunaux n'ont point à décider que telles ou telles personnes sont comprises dans la concession, mais seulement si elles ont à revendiquer envers le concessionnaire, par suite de leurs précédentes conventions, une part dans l'entreprise. Il n'en est pas de même lorsque des tiers, ayant paru lors de l'instruction qui a précédé la concession, prétendent que c'est à tort, par erreur ou omission, qu'on ne les a pas désignés comme titulaires. Dans ce cas, il s'agit de savoir quelle a été l'intention du gouvernement, si c'est effectivement par erreur ou volontairement qu'il les a omis, et c'est à lui seul à le déclarer. Or, dans les affaires rapportées précédemment, les parties demandaient que l'ordonnance qui avait institué la concession fût rectifiée, et qu'on les comprît parmi les titulaires de cette concession : c'était au gouvernement à statuer sur cette requête. Ici MM. Ling et consorts ne demandaient pas la rectification de l'ordonnance de 1814 ; seulement ils prétendaient que, par cela seul que le mot *associés* se trouvait dans les articles 6 et 7 de cette ordonnance, ils avaient des droits à la concession : c'était une interprétation à faire de l'ordonnance, et cette interprétation appartenait aussi au gouvernement. Il l'a faite en déclarant que l'ordonnance n'avait point statué sur les droits qui pouvaient résulter des conventions privées entre le marquis d'Osmond et ses associés. Mais l'appréciation de ces conventions, s'il en existait de telles, était du ressort de l'autorité judiciaire, et c'est pourquoi les parties ont été renvoyées à cet égard devant les tribunaux.

Des diverses décisions citées jusqu'ici il résulte donc que le principe est toujours le même. Toute question qui concerne le sens à attribuer à un acte de concession, ou des modifications à introduire dans cet acte, est exclusivement du ressort de l'autorité dont cet acte est émané, c'est-à-dire du gouvernement. Toute question relative seulement à des traités faits entre la personne qui a obtenu la concession et des tiers, soit avant, soit après cette concession, est de la compétence des tribunaux ordinaires.

Minières de fer.

1. *Lorsqu'un maître de forges veut obtenir la permission d'extraire du minerai de fer sur le terrain d'autrui, il doit adresser sa demande au préfet, et justifier en même temps qu'il l'a notifiée au propriétaire du sol.*

2. *C'est par lui, et non administrativement, que cette notification doit être faite.*

   Le propriétaire a un mois pour faire connaître s'il veut exploiter lui-même.

Il faut en outre qu'il ait été entendu par l'administration ou mis par elle en demeure de se faire entendre avant que la permission puisse être délivrée.

3. *Si dans ces intervalles le propriétaire vend son terrain à un tiers, et que ce dernier déclare être dans l'intention d'exploiter, il n'y a pas lieu d'autoriser le maître de forges à opérer l'extraction; mais l'acquéreur du terrain sera tenu de lui fournir du minerai, si l'usine est dans les conditions requises pour y avoir droit.*

Le propriétaire du terrain sur lequel il y a du minerai de fer d'alluvion est tenu, d'après l'article 59 de la loi du 21 avril 1810, d'exploiter pour les besoins des usines qui sont établies dans le voisinage avec autorisation légale. S'il n'exploite pas, les maîtres de forges peuvent obtenir la permission d'extraire à sa place, et la loi a indiqué les formalites qu'ils auraient, dans ce cas, à remplir.

Aux termes des articles 60 et 61, le maître de forges doit prévenir le propriétaire. Ce dernier a un mois, à compter de la notification, pour déclarer s'il veut exploiter lui-même. Ce n'est qu'après l'expiration de ce délai, que, s'il n'a pas déclaré son intention d'exploiter, et lorsqu'il a été entendu ou mis en demeure de se faire entendre, la permission peut être délivrée au maître de forges, sur l'avis des ingénieurs des mines.

Il est donc nécessaire, d'après ces dispositions, pour qu'il y ait lieu de la part de l'autorité à commencer l'instruction qui aura pour objet de permettre l'exploitation, qu'une demande du maître de forges existe, tendant à être mis à la place du propriétaire du terrain; que ce même maître de forges ait justifié qu'il a notifié sa demande au propriétaire: c'est par lui, par acte extrajudiciaire, et non administrativement, que cette notification doit être faite. A partir du jour où elle a lieu, le propriétaire a un mois pour s'expliquer. Enfin, avant que l'on statue, il doit être entendu par l'administration, ou avoir été mis par elle en demeure de se faire entendre.

Chacune de ces formalités est de rigueur ; car il s'agit de priver un propriétaire de la disposition du minerai que son terrain renferme, de permettre à un autre de venir exploiter à sa place sur son fonds. Si la loi a donné à l'administration, dans l'intérêt public, la faculté de déposséder ainsi de ses droits ce propriétaire, lorsqu'il refuse d'en user comme elle le lui prescrit, elle a voulu aussi, comme cela devait être, prendre toutes les précautions pour qu'il fût averti, et pour qu'il eût le temps de se déterminer et de faire connaître ses intentions. Enfin, elle ne lui interdit nullement de vendre son terrain à un tiers ; et si ce dernier déclare qu'il veut exploiter lui-même, alors il n'y a plus lieu d'autoriser le maître de forges ; car ce n'est que sur le refus du propriétaire, ou après un silence équivalant à un refus, que la loi permet de conférer à un tiers la faculté d'exploiter. Il n'en est pas de l'acquéreur du terrain, de celui qui a acheté la minière et le fonds qui la renferme, comme d'un simple cessionnaire du droit d'exploitation : le premier n'est pas seulement le représentant du propriétaire du terrain, il est devenu le propriétaire lui-même, il en a, par conséquent, tous les droits ; et dès qu'il annonce qu'il veut effectuer l'extraction, c'est comme si le propriétaire primitif avait fait cette déclaration. De même que celui-ci, il sera tenu de fournir du minerai au maître de forges ; ce dernier n'a donc plus à demander d'être mis à la place du propriétaire. Le but de la loi est rempli, puisqu'il y aura exploitation du minerai. Ce n'est qu'au cas où l'acquéreur du terrain ne tiendrait pas ses engagements, où il n'exploiterait pas en quantité suffisante, ou bien s'il suspendait les travaux d'extraction pendant plus d'un mois sans cause légitime, qu'alors le maître de forges pourrait se pourvoir auprès du préfet, conformément à l'article 62, pour obtenir la permission d'exploiter.

Ces principes ont reçu leur application de la manière suivante :

Le 16 août 1836, M. Dumont, propriétaire de l'usine de Ferrière-la-Grande, dans le département du Nord, a informé le préfet de ce département que le propriétaire d'un terrain à minerai, dans la commune de Monceau-Saint-Wast, M. Bertout, refusait de lui laisser continuer l'exploitation qu'il avait entreprise. Il demandait que l'on enjoignît à M. Bertout d'extraire et de lui livrer le minerai, et qu'à cet effet les notifications lui fussent faites sans retard.

Le préfet a chargé le sous-préfet d'Avesne de faire connaître à M. Bertout qu'il eût à déclarer sous huit jours s'il voulait exploiter, à défaut de quoi son silence serait considéré comme un refus, et il serait donné suite à la demande de M. Dumont.

Le 15 septembre, M. Bertout a répondu qu'il n'avait fait aucun traité avec M. Dumont; qu'il n'avait pas, néanmoins, l'intention d'extraire lui-même, et qu'il ne s'opposait pas à ce que l'exploitation fût faite par M. Dumont, mais qu'il désirait connaître l'indemnité qui lui serait payée.

Le 22 du même mois, MM. Pillion et Destombes sont devenus acquéreurs du terrain par un acte de vente authentique. Le 2 octobre suivant, ils ont écrit au préfet qu'ils étaient propriétaires au lieu et place de M. Bertout, et qu'ils se proposaient d'extraire le minerai pour l'approvisionnement des hauts-fourneaux qu'ils avaient demandé à établir.

M. le préfet a pensé que MM. Pillion et Destombes n'étant point encore alors possesseurs d'usines légalement autorisées, et n'annonçant l'intention d'extraire que pour leurs besoins futurs, il n'y avait point lieu d'accueillir leur déclaration. Il a pris, le 21 décembre 1836, un arrêté par lequel M. Dumont était autorisé à exploiter sur le terrain en question.

Cette décision était irrégulière dans la forme et au fond.

La lettre écrite au préfet le 16 août 1836 par M. Dumont n'était point une demande explicite pour obtenir l'autorisation d'exploiter à la place du propriétaire; elle annonçait simplement que ce propriétaire refusait de laisser continuer l'extraction, et on y demandait qu'une notification fût faite à ce dernier.

Cette notification aurait dû avoir lieu par le maître de forges lui-même, et par acte extrajudiciaire; elle a été faite administrativement.

Le propriétaire du terrain avait un mois pour déclarer

s'il voulait exploiter lui-même ; on ne lui avait donné que huit jours.

Sa déclaration n'était que conditionnelle ; on l'avait regardée comme un refus de se livrer à l'extraction.

On aurait dû de nouveau, et dans tous les cas, l'appeler à se faire entendre, à s'expliquer ; cette formalité n'avait point été remplie.

Enfin, MM. Pillion et Destombes ayant fait connaître dans l'intervalle qu'ils étaient devenus propriétaires du terrain, et ayant annoncé leur intention d'exploiter, on ne devait point passer outre, et délivrer, nonobstant cette déclaration, la permission à un tiers. A la vérité, MM. Pillion et Destombes ne pouvaient, à cette époque, employer le minerai dans leurs usines, qui n'étaient point encore autorisées ; mais en qualité de propriétaires du sol, ils avaient le droit d'exploiter en en obtenant la permission. Seulement ils se trouvaient obligés, comme l'aurait été leur vendeur s'il eût conservé sa propriété, de fournir aux besoins de l'usine de Ferrière-la-Grande, s'il était reconnu qu'elle fût dans le rayon de voisinage. C'est alors que, s'ils n'avaient pas extrait ou fourni en quantité suffisante du minerai à cette usine, M. Dumont aurait pu, après l'accomplissement des formalités prescrites par la loi, obtenir l'autorisation d'exploiter à leur place.

D'après ces considérations, sur le rapport du directeur général des ponts et chaussées et des mines, et conformément à l'avis du conseil général des mines, l'arrêté de M. le préfet du Nord, qui autorisait M. Dumont à exploiter, a été annulé le 31 juillet 1837, par décision du ministre des travaux publics, de l'agriculture et du commerce.

Minières de fer.

1. *L'exploitation d'une minière ne peut avoir lieu sans permission.*
2. *Bien que le propriétaire du terrain ait cédé à un maître de forges la faculté d'extraire le minerai de fer que son terrain renferme, ce dernier*

n'en est pas moins tenu de se pourvoir d'une autorisation pour exploiter ; et tout autre propriétaire d'une usine du voisinage légalement établie, ayant besoin de ce même minerai, peut obtenir la permission d'y venir puiser. Dans ce cas, le préfet règle les portions qui devront être attribuées à chacun.

3. *Une usine qui manque d'une quantité de minerai dont le mélange est nécessaire à sa fabrication, doit être considérée comme se trouvant, dans le cas prévu par l'article* 59 *de la loi du* 21 *avril* 1810, *où elle peut contraindre le propriétaire du terrain qui contient ce minerai à lui en fournir, encore bien qu'elle ait à sa disposition d'autres produits, mais d'une qualité différente.*

MM. Serret, Lelièvre et compagnie, propriétaires de l'usine de Denain, ont adressé, le 23 avril 1837, à M. le préfet du Nord, une demande pour obtenir l'autorisation d'exploiter du minerai sur un terrain qui appartient à la commune de Ferrière-la-Grande. Ils exposaient qu'ils avaient un besoin indispensable de ce minerai pour le mélanger avec ceux qu'ils traitent dans leurs forges.

M. Dumont, propriétaire du haut-fourneau de Ferrière-la-Grande, y a formé opposition. Il représentait qu'il avait le consentement de la commune pour exploiter sur ce terrain, et que d'autres minières étaient à la proximité de MM. Serret et Lelièvre.

Les ingénieurs ont fait connaître qu'ils avaient visité l'usine de Denain ; qu'en raison du mauvais état des chemins pendant la saison pluvieuse où l'on se trouvait alors, cet établissement ne pouvait pour le moment se procurer que sur la commune de Ferrière l'espèce de minerai dont il avait besoin pour le mélanger avec ceux qu'il possédait. Ils ont conclu à ce que la demande des propriétaires de cette usine fût accueillie après l'accomplissement des formalités prescrites par la loi.

Le préfet a partagé leur opinion. Il a pris, le 12 juin 1837, un arrêté portant que la demande de la compagnie de Denain et l'opposition de M. Dumont seraient notifiées à la commune, pour être, par cette dernière, déclaré dans le mois, si elle entendait faire faire elle-même les extractions; et il a interdit à l'une et à l'autre des parties de se livrer à l'exploitation avant d'en avoir préalablement obtenu la permission.

Cet arrêté était conforme aux dispositions de la loi du 21 avril 1810, et à celles des arrêtés du ministre des travaux publics, de l'agriculture et du commerce, des 12 et 30 juin 1837 (1). Le préfet a été invité, conformément à l'avis du conseil général des mines, à en maintenir l'exécution.

En effet, cette loi veut que l'on ne puisse exploiter une minière qu'en vertu d'une permission, que l'on soit ou non propriétaire du sol ou muni du consentement de ce dernier. Elle oblige le propriétaire ou son ayant-cause à faire une déclaration, et l'exploitation ne peut commencer qu'après qu'il a été donné par le préfet acte de cette déclaration, ce qui vaut permission.

D'un autre côté, le propriétaire, quoiqu'il ait cédé à un tiers la faculté d'exploiter sur son terrain, n'en est pas moins dans l'obligation de fournir à un autre maître de forges du voisinage, possesseur d'une usine légalement établie, du minerai, suivant la proportion qui aura été réglée par l'autorité, ou de le laisser exploiter sa quote-part. Ainsi que le porte l'arrêté du ministre, du 12 juin, la cession qu'il a faite n'a pu l'affranchir de la servitude qui est inhérente à sa propriété. Et si, parce que le cessionnaire est maître de forges, parce qu'il fait usage du minerai pour son propre compte, il pouvait évincer les autres propriétaires d'usines, une telle disposition serait contraire aux règles établies par la loi du 21 avril 1810, qui veut que toutes les forges du voisinage puissent participer aux produits des minières, selon leur position et leurs besoins; on voit, en effet, qu'il suffirait qu'un maître de forges traitât avec le propriétaire du sol pour priver les autres établissements du pays des ressources qui leur sont indispensables. Dans ces cas, lorsqu'il y a ainsi concurrence entre plusieurs maîtres de forges, c'est au préfet qu'il appartient de déterminer, d'après l'article 64 de la loi et l'arrêté du 30 juin, les proportions suivant lesquelles

(1) Voir ces arrêtés, pages 674 et 678 du XIe volume de la 3e série des *Annales des mines*.

chacun d'eux devra participer à l'extraction ou à l'achat du minerai, et de faire à chaque usine, suivant les circonstances locales, l'application de l'expression de *voisinage* employée par l'article 59 de cette loi.

Enfin, comme l'indique ce même arrêté, ce rayon de voisinage varie, diminue ou s'étend selon tous les accidents qui peuvent se rencontrer; et dès qu'une usine manque d'une certaine qualité de minerai qui lui est nécessaire pour sa fabrication, dès que, par son éloignement des autres lieux qui pourraient le lui procurer, ou par une cause fortuite, telle que le mauvais état des chemins, elle ne peut en obtenir que sur la minière où elle demande à venir puiser, elle se trouve dans le cas prévu par ce même article 59, et peut en invoquer le bénéfice. Peu importe qu'elle possède d'autres minerais, si elle elle n'a pas celui sans lequel sa fabrication ne pourrait s'opérer ou resterait imparfaite. C'est aux *besoins* des usines que la loi a voulu pourvoir, et une usine qui réclame un minerai indispensable pour donner au fer la bonne qualité qu'il doit avoir, a réellement *besoin* de ce minerai.

D'après les considérations qui précèdent, l'opposition de M. Dumont n'a pu être admise.

Minières de fer.

1. *Lorsque des particuliers se présentent, avec des pièces authentiques attestant leur mandat des propriétaires du sol pour extraire du minerai de fer sur un terrain, il doit leur être donné acte de cette déclaration, encore bien qu'ils ne se trouvent pas dans les conditions exigées pour employer ce minerai à leur propre usage.*

   Seulement ils sont tenus d'en fournir en quantité suffisante aux besoins des usines du voisinage légalement établies.

2. *Le propriétaire du sol a d'ailleurs un mois pour s'expliquer sur la sommation qui lui est faite par un*

maître de forges, et rien n'empêche que, dans cet intervalle, il cède à un tiers sa faculté d'exploiter.

3. *Le maître de forges ne peut être autorisé à extraire lui-même, que si l'exploitation n'a pas lieu, et que si le propriétaire du sol, auquel il conserve le droit de s'adresser, refuse de lui fournir le minerai ou de le lui faire livrer par ses cessionnaires.*

Depuis les arrêtés qui ont été rendus les 12 et 30 juin 1837, par M. le ministre des travaux publics, de l'agriculture et du commerce, en matière de minières de fer, plusieurs espèces se sont présentées, qui ont donné lieu de faire l'application de ces dispositions. Nous en avons déjà rapporté quelques-unes. En voici une autre de la même nature.

Le 19 janvier 1837, MM. Pillion et Destombes, qui étaient alors en instance pour obtenir l'autorisation d'établir deux hauts-fourneaux dans l'arrondissement d'Avesnes, présentèrent à M. le préfet du Nord une déclaration pour obtenir la permission d'extraire du minerai de fer sur plusieurs terrains au sujet desquels ils avoient traité avec les propriétaires du sol.

M. Dumont, à qui appartient l'usine de Ferrière-la-Grande, a formé opposition. Il a représenté que ces minerais était nécessaires à ses approvisionnements; qu'il avait mis les propriétaires du sol en demeure de les lui fournir, conformément à l'article 60 de la loi du 21 avril 1810. Il demandait, en vertu du même article, la possession d'extraire à leur place.

Les propriétaires ayant déclaré avoir cédé leurs droits à MM. Pillion et Destombes, et ceux-ci justifiant de ces cessions par actes authentiques, y avait-il lieu de les autoriser à exploiter, et par suite de ne point accueillir la demande de M. Dumont?

Ou bien, au contraire, pouvait-on permettre à ce dernier de faire lui-même l'exploitation, par le motif que MM. Pillion et Destombes n'ayant point encore à cette époque dans la localité d'usine légalement établie, se trouvaient sans aucuns droits à l'usage du minerai?

Le préfet a adopté ce dernier parti, et, par un arrêté du 28 juin, il a accordé à M. Dumont la permission d'exploiter.

MM. Pillion et Destombes se sont pourvus contre cet arrêté.

Leur réclamation était fondée.

D'après les dispositions de la loi du 21 avril 1810 et de l'arrêté du ministre, du 12 juin 1837, les propriétaires de terrains sur lesquels il y a du minerai de fer ont la faculté de céder à des tiers leurs droits d'exploiter. Les cessionnaires peuvent présenter à leur place la déclaration prescrite par l'article 59; et si elle est appuyée de pièces authentiques attestant leur mandat, il doit leur en être donné acte. La permission vaut pour le propriétaire; ce dernier reste soumis à ses obligations; c'est contre lui que toute action doit continuer d'être dirigée; mais ses cessionnaires, comme étant en son nom, ont le droit d'exploiter. Peu importe qu'ils ne soient pas dans les conditions voulues pour être à même d'employer le minerai à leur propre usage : s'ils extraient en quantité suffisante, s'ils fournissent du minerai aux usines du voisinage légalement établies, qui en ont besoin, le but de la loi est rempli, ses dispositions reçoivent leur exécution. Il appartiendra ensuite au préfet de déterminer, sur l'avis de l'ingénieur des mines, lorsqu'ils se présenteront ultérieurement avec le titre qui leur aura permis d'établir une usine dans la localité, la part qui devra leur revenir dans leur exploitation, et celle pour laquelle les autres maîtres de forges du voisinage auront droit à l'achat du minerai.

Dans l'espèce, il y avait un des propriétaires du sol à l'égard duquel MM. Pillion et Destombes ne justifiaient point de leur cession. Leur déclaration pour ce propriétaire ne pouvait être admise.

Mais, pour les autres propriétaires, ils ont produit des conventions formelles et authentiques. Leurs demandes pour ces derniers terrains devaient donc être accueillies. M. Dumont n'aurait pu être autorisé à extraire ces minerais que si l'exploitation n'avait pas lieu, et si les propriétaires du sol, auxquels il conservait toujours le droit de s'adresser, eussent refusé de les lui fournir ou de les lui faire livrer par leurs cessionnaires. Or, ils n'avaient pas répondu par un refus aux sommations; ils avaient fait connaître qu'ils s'étaient engagés avec MM. Pillion et Destombes, et qu'ils restaient néanmoins prêts à fournir du minerai à celui des maîtres de forges qui leur serait désigné par l'administration. Pour l'un d'entre eux, il est vrai, le traité avec la compagnie Pillion se trouvait antérieur à la sommation qui avait été faite par M. Dumont. Mais, aux termes de l'article 60 de la loi du 21 avril 1810, le propriétaire a un mois pour s'expliquer, et rien n'empêche que, dans cet intervalle, il ne confère à un tiers la faculté d'extraire à sa place.

D'après ces considérations, et par une décision du 18 novembre 1837 du ministre des travaux publics, de l'agriculture et du commerce, rendue sur le rapport du directeur général des ponts et chaussées et des mines, et conformément à l'avis du conseil général des mines, l'arrêté de M. le préfet du Nord a été annulé, en ce qui concernait les terrains pour lesquels MM. Pillion et Destombes avaient justifié qu'ils étaient les cessionnaires des propriétaires du sol.

MARCHAND DE FER. — PATENTE.

Lorsqu'un industriel, qui a dans ses magasins des marchandises en fonte, en livre au commerce, c'est à tort que le conseil de préfecture lui accorde décharge du droit de patente auquel il avait été imposé au rôle de la commune en qualité de marchand de fer en gros.

Ainsi décidé par ordonnance royale du 1er novembre 1837, rendue sur le rapport du comité de législation et de justice administrative (1).

CARRIÈRES.

1. *L'arrêt du conseil du 5 avril 1772, qui défend d'ouvrir aucune carrière à moins de trente toises*

(1) Voir cette ordonnance, ci-après, page 677.

des routes, est resté en vigueur depuis la loi du 21 avril 1810, et doit être appliqué, soit qu'il s'agisse de travaux souterrains ou de travaux à ciel ouvert, partout où il n'existe point de règlement particulier pour ces exploitations.

2. *L'infraction à la prohibition établie par cet arrêt, pour la conservation des grandes routes, est une contravention de grande voirie, et qui par conséquent est justiciable des conseils de préfecture.*

L'article 81 de la loi du 21 avril 1810 porte que les exploitations de carrières à ciel ouvert ont lieu sans qu'il soit besoin de permission, mais qu'elles sont sous la surveillance de la police, et que l'exploitant est tenu d'observer les lois ou règlements généraux ou locaux.

L'article 82 ajoute que, si les travaux s'exécutent par galeries souterraines, ils seront soumis à la surveillance spéciale de l'administration.

Il résulte de ces dispositions que cette loi n'a point abrogé les anciens règlements concernant les carrières, et que ces exploitations y sont soumises là où il n'a pas été établi de règlements nouveaux.

Un arrêt du conseil, du 5 avril 1772, a défendu d'ouvrir aucune carrière à moins de trente toises des routes, sans distinction des carrières souterraines ou à ciel ouvert ; il doit être considéré comme étant toujours en vigueur, et doit être appliqué dans les localités où des dispositions particulières n'ont point déterminé une autre distance.

Les règlements spéciaux des 22 mars et 4 juillet 1813, sur les carrières de la Seine et de Seine-et-Oise, ont fixé cette distance à dix mètres pour les chemins à voitures, édifices et constructions quelconques, plus un mètre par mètre d'épaisseur de terres au-dessus de la masse à exploiter. Le même principe est établi dans la plupart des règlements particuliers qui ont été faits depuis pour d'autres localités ; on a pensé qu'il était préférable, au lieu d'une détermination invariable, d'adopter une disposition qui pût se coordonner, dans chaque circonstance, avec ce qu'exigeraient les accidents des terrains, en fixant toutefois un minimum, qui dans aucun cas ne pourrait être dépassé. Mais partout où ces prescriptions n'existent point, c'est aux anciens règlements que l'on doit se référer.

En ce qui concerne la répression des contraventions, la loi du 21 avril 1810 porte, au titre X, que les infractions relatives aux mines seront poursuivies devant les tribunaux de police correctionnelle. Ce titre, qui est le dernier de la loi, qui en contient la sanction, s'applique à tous les objets qu'elle régit, aux usines, aux minières, aux carrières aussi bien qu'aux mines. Mais il ne met point obstacle à ce qu'il y ait un autre ordre de poursuites, une autre juridiction pour les cas qui, par leur nature, ne seraient pas de la compétence des tribunaux, qui seraient du ressort de l'autorité administrative. La loi elle-même l'énonce formellement : l'article 50, titre V, dispose que si une exploitation compromet la sûreté publique, la conservation des puits, la solidité des travaux, la sûreté des ouvriers ou des habitations de la surface, il y sera pourvu par le préfet, ainsi qu'il est pratiqué en matière de grande voirie ; dans l'article 82, relatif aux carrières, elle renvoie aux dispositions de ce titre V.

Si donc il se commet dans l'exploitation d'une carrière une infraction de grande voirie, elle doit être constatée, poursuivie et réprimée par voie administrative.

C'est ainsi que dans la plupart des règlements on a explicitement établi cette distinction ; on y classe les contraventions suivant qu'elles sont des infractions de voirie simple et de police, justiciables des tribunaux, et suivant qu'elles sont des contraventions de grande voirie du ressort des conseils de préfecture. Les premières sont renvoyées à l'autorité judiciaire, pour être poursuivies et réprimées conformément à l'article 93 de la loi du 21 avril 1810, et aux articles 11 à 21 du Code d'instruction criminelle ; les secondes sont placées sous la juridiction de l'autorité administrative. Mais il n'est pas nécessaire qu'il existe dans une localité un règlement particulier qui contienne ces dispositions, pour qu'elles soient exécutées ; elles sont de droit, elles tiennent à la nature même des choses, à l'ensemble de nos lois ; elles dérivent notamment de la loi du 29 floréal an X, de la loi spéciale du 21 avril 1810, et des décrets des 18 août 1810 et 16 décembre 1811.

Les principes que nous venons d'exposer ont reçu leur application dans l'espèce suivante.

Un propriétaire de la commune de Sainte-Pazanne, M. Chatelier, avait ouvert sur son terrain une carrière à moins de trois mètres du bord de la route départementale n° 6, de Nantes à Bourganeuf, département de la Loire-Inférieure.

Procès-verbal fut dressé, et M. Chatelier traduit devant le tribunal de préfecture, comme ayant contrevenu à l'arrêt du 5 avril 1772.

Le conseil de préfecture s'est déclaré incompétent par ce motif, que la loi du 21 avril 1810, qui comprend les mines, minières et carrières, établit au titre X la juridiction des tribunaux pour les contraventions qui sont commises. Il lui a paru aussi qu'il n'y avait point, dans l'espèce, d'infraction, cette loi n'ayant point fixé de distance à observer pour les travaux des carrières.

Le ministre des travaux publics, de l'agriculture et du commerce s'est pourvu au conseil d'état contre cet arrêté. Il a représenté que la loi du 21 avril 1810 n'avait pas abrogé l'arrêt du 5 avril 1772, qu'elle n'a point supprimé la servitude établie pour la solidité des routes, c'est-à-dire dans l'intérêt de la sûreté publique. Si elle autorise l'exploitation des carrières à ciel ouvert sans permission et sous la surveillance de la police, c'est à charge par l'exploitant d'observer les lois et règlements généraux et locaux. Le sieur Chatelier n'a point observé l'arrêt de 1772, en ouvrant une carrière à une distance de trois mètres du bord de la route; il a donc commis une contravention dont les tribunaux de grande voirie doivent connaître, puisqu'il s'agit de l'infraction, non pas à un règlement sur la police proprement dite des mines et carrières, mais à un règlement sur la police des grandes routes.

Une ordonnance royale du 27 octobre 1837 a annulé l'arrêté du conseil de préfecture ci-dessus mentionné, et a renvoyé l'affaire devant le même conseil pour être statué au fond (1).

---

(1) Voir cette ordonnance, ci-après, page 676.

ORDONNANCES DU ROI,

ET DÉCISIONS DIVERSES,

Concernant les mines, usines, etc.

DEUXIÈME SEMESTRE DE 1837.

Usine à fer, commune de Montagnac-la-Crempse.

Ordonnance du 4 *juillet* 1837, *portant que* M. DESPAQUES *est autorisé à remplacer, par une usine à fer, le moulin à blé dit* DE LA POUDE, *qu'il possède sur le cours du ruisseau de la* CREMPSE, *dans la commune de* MONTAGNAC-LA-CREMPSE, *arrondissement de* BERGERAC (Dordogne).

La consistance de cette usine est et demeure fixée conformément aux deux plans qui resteront annexés à ladite ordonnance, ainsi qu'il suit, savoir :
Un haut-fourneau pour fondre le minerai de fer;
Un bocard pour les laitiers;
Un lavoir à bras pour le lavage du minerai;
Deux feux d'affinerie et un marteau.

Patouillet double, commune de Coupray.

Ordonnance du 4 *juillet* 1837, *portant que Son Altesse Royale Madame* Adélaïde d'ORLÉANS *est autorisée à conserver et tenir en activité le patouillet double qu'elle possède sur la rivière d'*AUZON, *dans la commune de* COUPRAY (Haute-Marne).

Les articles 6 et suivants prescrivent l'établissement de bassins d'épuration, et l'article 17 porte qu'il est sursis à statuer sur les parties de la demande qui sont relatives, tant au patouillet placé à côté du moulin qu'aux lavoirs à bras, jusqu'à ce que S. A. R. madame Adélaïde d'Orléans ait fait connaître les moyens qu'elle pourra employer pour l'épuration des eaux sortant des patouillet et lavoirs.

Usine à fer, commune de Prunet et Belpuig.

Ordonnance du 11 *juillet* 1837, *portant que* MM. Blanc et Ollet *sont autorisés à construire dans les communes de* Prunet et Belpuig (Pyrénées-Orientales), *sur la rivière du* Boulès, *et au lieu dit* Bouleton, *une usine à fer composée de :*

1° Un feu à la ca alane, avec sa machine soufflante;

2° Un gros marteau du poids de 600 kilogrammes environ.

Mine de fer d'Urville et de Gouvis.

Ordonnance du 11 *juillet* 1837, *portant que la renonciation de* M. et Mme Lemeneur, *propriétaires de la mine de fer d'*Urville et de Gouvis (Calvados), *à la concession de cette mine, est acceptée.*

Patouillet et lavoirs à bras, commune de Bouhans et Fuerg.

Ordonnance du 17 *juillet* 1837, *portant que* M. Crestin *est autorisé :*

1° *A substituer à deux des six lavoirs à bras permissionnés par l'ordonnance royale du* 27 *août* 1823, *sur le cours d'eau de la* Sous-Froide, *commune de* Bouhans et Fuerg (Haute-Saône), *un patouillet mu par un manége à cheval ou par une roue hydraulique qui servira en même temps au mouvement d'un moulin ou d'une machine à battre le blé;*

2° *A reporter à la suite du manége à cheval les quatre autres lavoirs à bras.*

Les articles 7 et suivants prescrivent l'établissement de bassins d'épuration.

Mines de fer de Chalencey.

Ordonnance du 17 *juillet* 1837, *portant qu'il est fait concession à la société* Schneider *frères et compagnie, constituée par acte du* 27 *décembre* 1836, *des mines de fer situées au lieu dit de* Chalencey, *dans la commune de* Couches (Saône-et-Loire).

(Extrait.)

Art. 2. Cette concession, qui prendra le nom de *concession de Chalencey*, est limitée, conformément au plan annexé à la présente ordonnance, ainsi qu'il suit, savoir :

Au nord, par une ligne droite tirée de la tour principale de l'ancien château de Couches, au moulin à vent appartenant au sieur Chapelle;

A l'ouest, par une ligne droite tirée du moulin à vent à l'angle nord de la maison de M. Lazare Fiot, située à la Fosse et terminée au point M du plan, intersection de cette ligne avec la limite entre le territoire de Couches et celui de Saint-Jean-de-Tresy;

Au sud, par deux lignes droites, l'une partant de ce point M et se dirigeant vers le point E, l'une des bornes limites de la commune de Couches, avec celles de la commune de Saint-Jean-de-Tresy, mais se terminant au point N à son intersection avec la limite de ladite commune; l'autre tirée de ce point N au point A, autre borne de ladite commune;

A l'est, par deux lignes droites, l'une tirée de ce point A au point B, l'une des bornes limites de la commune, l'autre de ce point B au château de Couches, point de départ;

Lesdites limites renfermant une étendue superficielle de un kilomètre carré, soixante-cinq hectares.

Art. 4. Le droit attribué aux propriétaires de la surface, par l'article 6 de la loi du 21 avril 1810, sur le produit des mines concédées, est réglé : 1° conformément à l'article 42 de ladite loi, à une rente de 15 centimes par hectare, que les concessionnaires payeront annuellement aux propriétaires de tous les terrains compris dans la présente concession; 2° par application de la seconde disposition de l'art. 70 de la même loi, à une indemnité payable à la fin de chaque année aux propriétaires des terrains sur lesquels l'extraction aura lieu, à raison de 8 fr. par are, en proportion de l'étendue de l'excavation faite dans cette même année, pour en retirer du minerai, cette indemnité ne devant être payée qu'une seule fois pour la même portion de terrain.

Ces rétributions seront applicables toutes les fois qu'il n'existera pas à ce sujet de conventions antérieures entre les concessionnaires et les propriétaires de la surface. S'il existe de telles conventions, elles seront exécutées, pourvu toutefois qu'elles ne soient pas en opposition avec les règles qui seront prescrites, en vertu de la présente ordonnance, pour la conduite des travaux souterrains, dans la vue d'une bonne exploitation. Dans le cas contraire, lesdites conventions ne pourront donner lieu, entre les parties intéressées, qu'à une action en indemnité, et les rétributions resteront déterminées ainsi qu'il est dit au commencement du présent article.

Art. 8. La présente concession est faite sous toutes réserves des droits qui résultent, pour les propriétaires de la surface, des art. 59 et suivants, et de l'art. 69 de la loi du 21 avril 1810, tant à l'égard des minerais de fer dits d'*alluvion*, que relativement aux minerais en filons ou couches qui seraient situés près de la surface et susceptibles d'être exploités à ciel ouvert, pourvu que ce mode d'exploitation ne rende pas impossible l'exploitation ultérieure par travaux souterrains des minerais situés dans la profondeur.

Sont pareillement réservés tous les droits résultant pour les propriétaires de la surface, de l'art. 70 de la même loi, à raison des exploitations qui auraient été faites au profit de ces propriétaires, antérieurement à la concession.

En cas de contestation entre les propriétaires du sol et les concessionnaires sur la question de savoir si un gîte de minerai doit ou non être exploité à ciel ouvert, ou si ce genre d'exploitation déjà entrepris doit cesser, il sera statué par le préfet, sur le rapport des ingénieurs des mines, les parties ayant été entendues, sauf le recours au ministre des travaux publics, de l'agriculture et du commerce.

Cahier des charges de la concession des mines de fer de Chalencey (Saône-et-Loire).

(Extrait.)

Art. 9. Dans le cas où les travaux projetés par les concessionnaires devraient s'étendre sous des bâtiments et habitations, les travaux ne pourront être exécutés qu'en vertu d'une autorisation spéciale du préfet, donnée sur le rapport des ingénieurs des mines, après que le maire, le conseil municipal et les propriétaires intéressés auront été entendus, et après que les concessionnaires auront donné caution de payer l'indemnité exigée par l'art. 15 de la loi du 21 avril 1810. Les contestations relatives, soit à la caution, soit à l'indemnité, seront portées devant les tribunaux et cours, conformément audit article.

L'autorisation d'exécuter les travaux pourra être refusée par le préfet, s'il est reconnu que l'exploitation soit de nature à compromettre la sûreté du sol, celle des habitants ou la conservation des édifices.

Art. 17. En exécution de l'art. 70 de la loi du 21 avril 1810, ils fourniront aux usines du Creusot et à celle de Perreuil, qui s'approvisionnaient de minerai de fer antérieurement à l'octroi de la présente concession, sur les exploitations comprises dans ladite concession, la quantité de minerai nécessaire à l'alimentation de ces usines, au prix qui sera fixé par l'administration.

Art. 18. Lorsque les approvisionnements des usines ci-dessus désignées auront été assurés, les concessionnaires seront tenus de fournir, autant que leurs exploitations le permettront, à la consommation des usines établies ou à établir dans le voisinage avec autorisation légale. Le prix des minerais sera alors fixé de gré à gré ou à dire d'experts, ainsi qu'il est indiqué à l'article 65 de la loi du 21 avril 1810 pour les exploitations de minières de fer.

Art. 19. En cas de contestation entre plusieurs maîtres de forges relativement à leur approvisionnement en minerai, il sera statué par le préfet, conformément à l'art. 64 de la même loi.

Art. 32. Si des gîtes de minerais étrangers au fer sont exploités légalement par les propriétaires du sol dans l'étendue de la concession de Chalencey, ou deviennent l'objet d'une concession particulière accordée à des tiers, les concessionnaires des mines de Chalencey seront tenus de souffrir les travaux que l'administration reconnaîtrait utiles à l'exploitation desdits minerais, et même, si cela est nécessaire, le passage dans leurs propres travaux; le tout, s'il y a lieu, moyennant indemnité qui sera, selon les cas, réglée de gré à gré ou à dire d'experts, ou renvoyée au jugement du conseil de préfecture, en exécution de l'art. 46 de la loi du 21 avril 1810.

Art. 33. Les concessionnaires ne pourront établir des usines pour la préparation mécanique ou le traitement métallurgique des produits de leurs usines, qu'après avoir obtenu une permission à cet effet, dans les formes déterminées par les art. 73 et suivants de la loi du 21 avril 1810.

Ordonnance du 19 *août* 1837, *qui accepte le désistement du pourvoi formé par les concessionnaires des mines de* Bert, *contre des arrêtés du conseil de préfecture de l'*Allier, *relatifs aux indemnités dues pour les recherches et travaux exécutés antérieurement à la concession.*

Mines de houille de Bert.

Ordonnance du 22 *août* 1837, *portant que* MM. Blondeau *frères sont autorisés à remplacer par une usine à fer, le moulin à blé qu'ils possèdent sur la rivière de l'*Indre, *au lieu dit de* Lamps, *commune de* Chatillon (Indre).

Usine à fer, commune de Châtillon.

La consistance de cette usine est et demeure fixée ainsi qu'il suit, savoir :

Un haut-fourneau pour fondre le minerai de fer ;

Deux feux d'affinerie;
Une fonderie;
Un feu de martinet;
Et les soufflerics et machines à comprimer nécessaires.

Haut-fourneau à Abainville.

Ordonnance du 22 *août* 1837, *portant que* M. MUEL-DOUBLAT *est autorisé à établir un deuxième haut-fourneau destiné à la fusion des minerais de fer dans les usines qu'il possède dans la commune d'*ABAINVILLE, *arrondissement de* COMMERCY (Meuse).

Haut-fourneau et patouillet, commune d'Orges.

Ordonnance du 22 *août* 1837, *portant que madame veuve* LEBON-BORDET *est autorisée à établir, sur le cours des fontaines d'*ORGES, *dans la commune d'*ORGES (Haute-Marne): 1° *un haut-fourneau pour la fusion des minerais de fer en remplacement de la forge autorisée par l'ordonnance royale du* 14 *mai* 1826; 2° *un patouillet pour la préparation de ces minerais.*

Les art. 3 et suivants prescrivent l'établissement d'un bassin d'épuration.

Lavoirs à cheval, à la Chapelle-Saint-Quillain.

Ordonnance du 22 *août* 1837, *portant que* M. Joseph GAUTHIER *est autorisé à établir deux lavoirs à cheval, pour le lavage du minerai de fer, alimentés par les eaux du ruisseau du* MORBIER, *commune de la* CHAPELLE-SAINT-QUILLAIN (Haute-Saône), *à l'endroit où il possède déjà les deux lavoirs à bras autorisés par l'ordonnance royale du* 25 *juin* 1828.

Les art. 6 et suivants prescrivent l'établissement de bassins d'épuration.

Ordonnance du 22 *août* 1837, *portant que* M. LE BACHELLÉ *est autorisé* : 1° *à conserver et tenir en activité l'ancien bocard à cinq pilons et l'ancien patouillet à une huche, ainsi que le nouveau bocard à dix pilons et le nouveau patouillet à deux huches qui dépendent des usines qu'il possède sur la rivière de* BLAISE, *dans la commune de* DOMMARTIN-LE-FRANC, *arrondissement de* VASSY (Haute-Marne); 2° *à établir, dans l'enceinte de ces usines, un troisième haut-fourneau pour la fusion du minerai de fer.*

Bocards, patouillets, haut-fourneau, à Dommartin-le-Franc.

Les art. 8 et suivants prescrivent l'établissement de bassins d'épuration.

Ordonnance du 22 *août* 1837, *portant que* MM. D'ANDLAW, DOLFUS-MIEG *et compagnie sont autorisés à établir, dans la commune de* RONCHAMP, *arrondissement de* LURE (Haute-Saône), *une usine à fer, dont la consistance est déterminée ainsi qu'il suit :*

Usine à fer, commune de Ronchamp.

Deux hauts-fourneaux pour la fusion du minerai de fer ;
Quatre feux d'affinerie pour la conversion de la fonte en fer ;
Huit fours à pudler ;
Quatre fours à réchauffer ;
Deux fours à réchauffer la tôle ;
Et les divers appareils de compression et autres, destinés au travail mécanique du fer.

Ordonnance du 29 *août* 1837, *portant qu'il est fait concession à* M. DURAND-MOULINE *aîné et compagnie, des mines de fer sulfuré propres à la fabrication de la couperose, qui existent sur les territoires des communes de* FLAVIAC et de CAUX, *canton de la* VOULTE (Ardèche).

Mines de fer sulfuré de Flaviac.

(Extrait.)

Art. 2. Cette concession, qui prendra le nom de *concession de Flaviac*, est limitée, conformément au plan annexé à la présente ordonnance, ainsi qu'il suit, savoir :

Au nord, à partir du pont de Mezagou, sur lequel passe la route royale du Pouzin à Privas, par trois lignes droites menées à Lagrange, à Maleval et à la Champ ;

A l'est, par une ligne droite de la Champ à Charderie ;

Au sud, à partir de Charderie par cinq lignes droites menées à Sargiraud-le-Bas, Cheylus, la Chamée, la Charrière et l'ancien pont de Caux, sur la rivière d'Ouvèze ;

A l'ouest, à partir de l'ancien pont de Caux, et remontant la rive gauche des rivières d'Ouvèze et de Mezagou, jusqu'au pont de Mezagou, point de départ ;

Lesdites limites renfermant une surface de 4 kilomètres carrés, 27 hectares.

Art. 3. (*Comme à l'art.* 8 *de l'ordonnance relative a la mine de fer de Chalencey, citée plus haut.*)

Cahier des charges de la concession des mines de fer sulfuré de Flaviac (Ardèche).

(Extrait.)

Art. 24. (*Comme à l'art.* 32 *du cahier des charges de la concession de Chalencey, citée plus haut.*)

Art. 25. (*Comme à l'art.* 33, *idem.*)

Fabrique de magmats, à Jussy.

Ordonnance du 5 *septembre* 1837, *portant que* M. Tardieu *est autorisé à établir une fabrique de magmats* (1) *au lieu dit le* Petit-Marais, *dans la commune de* Jussy (Aisne).

L'usine sera composée de trois chaudières pour la concentration et l'évaporation des eaux, et des divers lessi-

---

(1) Sulfate de fer et sulfate d'alumine mélangés.

voirs et récipients qui seront nécessaires à la fabrication.

L'art. 3 porte que, conformément à sa demande, le permissionnaire consommera de la houille ou de la tourbe dans son usine.

Ordonnance du 5 septembre 1837, portant que MM. DUMORA et GIGNOUX *sont autorisés à établir un haut-fourneau pour la fusion du minerai de fer, près du moulin appelé le* PONNEAU, *situé sur le ruisseau de la* CANNEAU, *commune de* BIGANOS (Gironde).

Haut-fourneau, commune de Biganos.

Ordonnance du 11 septembre 1837, portant que M. Jean-Léon DEMIMUID *est autorisé: 1° à ajouter aux forges d'*HAIROUVILLE (Meuse), *dont il est propriétaire*,

Forges d'Hairouville.

Un second haut-fourneau adossé au fourneau actuellement existant;

Deux fours à pudler, marchant exclusivement à la houille;

2° *A établir le marteau à cingler sur l'arbre de l'ancien martinet, et à transporter ledit martinet dans un clos situé sur la rive gauche du canal inférieur des fourneaux et bocards.*

Ordonnance du 11 septembre 1837, portant que M. MÉNANS *est autorisé à établir un lavoir à cheval ou à machine à vapeur, pour le lavage du minerai de fer, dans sa propriété, au lieu dit le* PRÉ PONCELIN, *commune de la* RÉSIE-SAINT-MARTIN, *arrondissement de* GRAY (Haute-Saône).

Lavoir à cheval, commune de la Résie-St-Martin.

Cette autorisation n'est accordée que sous la réserve des

droits réclamés par des tiers, en ce qui concerne l'usage des eaux, sur lesquels il sera statué, s'il y a lieu, par les tribunaux.

Dans le cas où le permissionnaire se déciderait à employer une machine à vapeur pour faire mouvoir son usine, il ne pourra l'établir qu'après l'avoir soumise aux vérifications prescrites par les règlements relatifs à ces machines.

L'article 4 porte que le pourtour de la propriété du permissionnaire, formé par les rues ou les chemins du village, sera fermé par une haie ou toute haute clôture.

Les art. 5 et suivants sont relatifs à l'établissement de bassins d'épuration.

Martinet, bocard et patouillet, communes de Brousséval et de Vassy.

Ordonnance du 26 septembre 1837, portant que M. RENARD-COUVREUX *est autorisé à établir un martinet avec son feu pour la fabrication d'objets de grosse quincaillerie ; un bocard et un patouillet pour la préparation du minerai de fer, sur le canal de décharge de la fontaine du* DONJON, *dans le clos de ce nom, communes de* BROUSSEVAL *et de* VASSY (Haute-Marne).

Les art. 9 et suivants sont relatifs à l'établissement de bassins d'épuration.

Mines. — Indemnités dues aux propriétaires du sol.

Arrêté du ministre des travaux publics, de l'agriculture et du commerce, du 7 octobre 1837, concernant les indemnités dues aux propriétaires du sol pour recherches de mines ou travaux d'exploitation, et les occupations de terrains par des concessionnaires de mines.

Le ministre secrétaire d'état des travaux publics, de l'agriculture et du commerce,

Sur le rapport du conseiller d'état, directeur général des ponts-et-chaussées et des mines, relatif à l'exécution des art. 10, 43 et 44 de la loi du 21 avril 1810, en ce qui concerne le règlement des indemnités dues aux propriétaires du sol par les explorateurs ou concessionnaires de mines pour les travaux de recherches ou d'exploitation, et les mises en possession de terrains enclavés dans une concession et nécessaires à un travail d'art, soit passager, soit permanent; ledit rapport tendant à modifier, comme ayant fait une interprétation inexacte des dispositions de la loi du 21 avril 1810, la partie de l'instruction ministérielle du 3 août 1810, où il est question de ces articles;

Vu la section B, § 1er, de cette instruction, ainsi conçue :

« Toutes discussions relatives à la disposition des mines, » minières, usines et carrières, toutes celles ayant pour » objet l'acquittement des indemnités déterminées par le » décret de concession ou de permission, ainsi que les » contestations sur les dédommagements pour dégâts oc- » casionnés à la surface des terrains, sont du ressort des » tribunaux ordinaires. »

Vu les art. 10, 43 et 44 de la loi du 21 avril 1810, portant :

Art. 10. « Nul ne peut faire des recherches pour dé- » couvrir des mines, enfoncer des sondes ou tarières sur » un terrain qui ne lui appartient pas, que du consen- » tement du propriétaire de la surface ou avec l'autorisa- » tion du gouvernement, donnée après avoir consulté » l'administration des mines, à la charge d'une préalable » indemnité envers le propriétaire et après qu'il aura été » entendu. »

Art. 43. « Les propriétaires de mines sont tenus de » payer les indemnités dues au propriétaire de la surface » sur le terrain duquel ils établiront leurs travaux.

» Si les travaux entrepris par les explorateurs ou par » les propriétaires de mines ne sont que passagers, et si le » sol où ils ont été faits peut être mis en culture au » bout d'un an comme il l'était auparavant, l'indemnité » sera réglée au double de ce qu'aurait produit net le ter- » rain endommagé. »

Art. 44. « Lorsque l'occupation des terrains pour la » recherche où les travaux des mines prive les proprié- » taires du sol de la jouissance du revenu au delà du temps » d'une année, ou lorsqu'après les travaux les terrains ne » sont plus propres à la culture, on peut exiger des pro- » priétaires des mines l'acquisition des terrains à l'usage de

» l'exploitation. Si le propriétaire de la surface le re» quiert, les pièces de terre trop endommagées ou dégra» dées sur une trop grande partie de leur surface de» vront être achetées en totalité par le propriétaire de la » mine.

» L'évaluation du prix sera faite, quant au mode, sui» vant les règles établies par la loi du 16 septembre 1807, » sur le desséchement des marais, etc., titre XI ; mais » le terrain à acquérir sera toujours estimé au double de » la valeur qu'il avait avant l'exploitation de la mine. »

Vu les lois des 28 pluviôse an VIII, 16 septembre 1807, 8 mars 1810 et 7 juillet 1833 ;

Vu l'avis du conseil général des mines, du 21 août 1837 ;

Considérant que les dispositions précitées de la loi du 21 avril 1810 sont corrélatives entre elles, que le règlement des indemnités dues aux propriétaires du sol par les explorateurs ou concessionnaires de mines pour travaux de recherches ou d'exploitation et les mises en possession de terrains pour travaux d'art, doivent, aux termes de ces dispositions, être faits dans les formes prescrites par le titre XI de la loi du 16 septembre 1807 ;

Que les modifications apportées à la loi du 16 septembre 1807, par les lois des 8 mars 1810 et 7 juillet 1833, n'ont point dessaisi les conseils de préfecture de la connaissance des questions d'indemnités ou d'occupations de terrains en matière de mines, que la loi du 21 avril 1810 leur a attribuée ;

Qu'en effet la loi du 8 mars 1810 n'a eu pour but que de régler ce qui concerne les expropriations pour cause d'utilité publique ; qu'elle ne s'applique point aux cas où des propriétaires se trouvent seulement obligés de souffrir l'occupation de leurs terrains, et peuvent toujours, s'ils le veulent, en conserver la propriété ; que ces derniers cas ont continué d'être régis, selon leur nature, soit par la loi de 16 septembre 1807, soit par celle du 28 pluviôse an VIII ; et que, d'autre part, la loi du 7 juillet 1833 n'a fait que tracer de nouvelles règles de procédure pour les matières que régissait la loi du 8 mars 1810, et qu'elle n'a point changé la juridiction ;

Considérant qu'en fait de mines il n'y a jamais *expropriation* du sol, mais simplement occupation de terrain ; que si, dans les circonstances prévues par l'art. 44 de la loi du 21 avril 1810, la propriété du terrain peut passer entre les mains du concessionnaire de la mine, ce n'est pas, comme dans les cas déterminés par les lois des 8 mars 1810 et 7 juillet 1833, par une expropriation du propriétaire et contre son gré, mais au contraire par la volonté de celui-ci, parce qu'il le requiert;

Que par conséquent la loi du 16 septembre 1807 est restée applicable à tout ce qui concerne les règlements d'indemnités dues par les explorateurs ou concessionnaires de mines aux propriétaires sur les terrains desquels ils portent leurs travaux, et les occupations de ces terrains par des concessionnaires;

Qu'ainsi c'est aux conseils de préfecture qu'il appartient de régler les indemnités qui peuvent être dues à un propriétaire du sol, en exécution des art. 10 et 43 de la loi du 21 avril 1810, par un explorateur de mines qui a obtenu du gouvernement la faculté d'étendre ses recherches sur des terrains de ce propriétaire, ou par un concessionnaire dont la concession englobe ces terrains et qui y entreprend des travaux;

Que c'est pareillement aux conseils de préfecture, en exécution de l'art. 44 de la même loi, que doit s'adresser un concessionnaire de mines, pour être mis en possession d'un terrain compris dans le périmètre de sa concession, et nécessaire pour un travail d'art, soit passager, soit permanent;

Arrête ce qui suit:

Les dispositions de la section B, § 1er, de l'instruction ministérielle du 3 août 1810, sont rapportées en ce qui concerne l'exécution des art. 10, 43 et 44 de la loi du 21 avril 1810, comme ayant fait à cet égard une fausse interprétation de cette loi.

Paris, le 7 octobre 1837.

Signé N. MARTIN (DU NORD).

Ordonnance du 16 *octobre* 1837, *portant que* M. Joseph-Bernard VIRY *est autorisé à établir, sur le ruisseau de* BEZERNE, *commune de* COU-

Haut-fourneau et bocard, à Cousances.

SANCES, *arrondissement de* BAR-LE-DUC (Meuse), *un haut-fourneau et un bocard à mines, pour la fabrication de la fonte moulée.*

Contravention en matière d'exploitation de carrière.

Ordonnance du 27 octobre 1837, portant annulation de l'arrêté du conseil de préfecture de la LOIRE-INFÉRIEURE, *du 1er avril même année, relatif à une contravention en matière d'exploitation de carrière dans le voisinage d'une grande route.*

LOUIS-PHILIPPE, roi des Français,

Sur le rapport du comité de législation et de justice administrative,

Vu le rapport à nous présenté par notre ministre des travaux publics, ledit rapport enregistré au secrétariat général de notre conseil d'état, le 10 mai 1837, et tendant à ce qu'il nous plaise annuler un arrêté en date du 1er avril précédent, par lequel le conseil de préfecture de la Loire-Inférieure s'est déclaré incompétent pour statuer sur une contravention reprochée au sieur Chatelier, et résultant de l'ouverture d'une carrière à moins de trois mètres de la route départementale, n° 6, de Nantes à Bourgneuf; ce faisant renvoyer ledit sieur Chatelier devant ledit conseil, pour y être statué au fond sur la contravention reprochée à ce propriétaire;

Vu l'arrêté attaqué;

Vu la lettre du préfet de la Loire-Inférieure, de laquelle il résulte que le sieur Chatelier a été officiellement averti du recours formé par notre ministre des travaux publics;

Vu le procès-verbal dressé contre le sieur Chatelier le 15 juillet 1836;

Vu toutes les pièces produites;

Vu l'arrêt du conseil du 5 avril 1772, la loi du 29 floréal an X, et celle du 21 avril 1810;

Ouï M. Marchand, maître des requêtes, remplissant les fonctions du ministère public;

Considérant que la loi du 21 avril 1810 n'a point abrogé les dispositions de l'arrêt du conseil du 5 avril 1772;

qu'au contraire ladite loi n'a permis l'exploitation des carrières à ciel ouvert sans autorisation préalable, qu'à la charge, par les exploitants, d'observer les règlements généraux et locaux, et que l'infraction aux dispositions de l'arrêt précité, reprochée au sieur Chatelier, par le procès-verbal du 15 juillet 1836, constituait une contravention de grande voirie, sur laquelle il appartenait au conseil de préfecture de statuer;

Notre conseil d'état entendu,

Nous avons ordonné et ordonnons ce qui suit :

Art. 1er. L'arrêté du conseil de préfecture du département de la Loire-Inférieure, en date du 1er avril 1837, est annulé.

Art. 2. Le sieur Chatelier est renvoyé devant le même conseil de préfecture, pour y voir statuer au fond sur le procès-verbal du 15 juillet 1836.

Art. 3. Notre garde des sceaux, ministre de la justice et des cultes, et notre ministre des travaux publics, de l'agriculture et du commerce, sont chargés, chacun en ce qui le concerne, de l'exécution de la présente ordonnance.

Ordonnance du 1er novembre 1837, portant annulation de l'arrêté du conseil de préfecture de la Charente, *qui avait accordé à tort décharge du droit de patente à un marchand de fer en gros.*

Marchand de fer en gros.
—
Patente.

Louis-Philippe, roi des Français,

Sur le rapport du comité de législation et de justice administrative,

Vu le rapport à nous présenté par notre ministre des finances, ledit rapport enregistré au secrétariat général du conseil d'état, le 28 mars 1836, et tendant à ce qu'il nous plaise annuler un arrêté du conseil de préfecture de la Charente, du 28 décembre 1835, qui a accordé au sieur Hazard-Flamand décharge du droit de patente, auquel il avait été imposé, pour ladite année, au rôle des patentes de la commune de Combiers, en qualité de marchand de fer en gros;

Vu l'arrêté attaqué;

Vu l'avis du maire et des répartiteurs, en date du 6 mars 1835 ; ensemble les rapports des agents des contributions directes ;

Vu le certificat délivré par le maire de la commune de Combiers au sieur Hazard-Flamand ; ledit certificat en date du 22 décembre 1835 ;

Vu le mémoire en défense produit par le sieur Hazard-Flamand ;

Vu la loi du 1er brumaire an VII.

Ouï M. Germain, maître des requêtes, remplissant les fonctions du ministère public ;

Considérant qu'il résulte de l'instruction et de l'aveu même du sieur Hazard-Flamand, que dans le courant de l'année 1835 il a vendu une partie de marchandises en fonte qui étaient dans ses magasins ; que dès lors c'est à tort que le conseil de préfecture du département de la Charente lui a accordé décharge du droit de patente auquel il avait été imposé au rôle de la commune de Combiers en qualité de marchand de fer en gros ;

Notre conseil d'état entendu,

Nous avons ordonné et ordonnons ce qui suit :

Art. 1er L'arrêté sus-visé du conseil de préfecture du département de la Charente, du 28 décembre 1835, est annulé.

Art. 2. Notre garde des sceaux, ministre de la justice et des cultes, et notre ministre des finances, sont chargés, chacun en ce qui le concerne, de l'exécution de la présente ordonnance.

Usine à fer, commune d'Archiac.

Ordonnance du 28 *novembre* 1837, *portant que* M. DELTHEIL *est autorisé à conserver et tenir en activité l'usine à fer appelée* DES ANS, *située sur le ruisseau de* COLY, *commune d'*ARCHIAC, *arrondissement de* SARLAT (Dordogne).

La consistance de cette usine est et demeure fixée ainsi qu'il suit, savoir :

1° Un haut-fourneau pour la fusion du minerai de fer ;
2° Un feu d'affinerie et un marteau.

Ordonnance du 28 *novembre* 1837, *portant que madame* DE ROCHECHOUART, *née* Élizabeth OUVRARD, *est autorisée à ajouter un feu d'affinerie à l'usine à fer appelée* DU CROS, *qu'elle possède dans la commune de* JUMILHAC, *arrondissement de* NONTRON (Dordogne).

Usine à fer, commune de Jumilhac.

Ordonnance du 28 *novembre* 1837, *relative à des recherches de mines de plomb, dans la commune* D'URCIERS (Indre).

Recherches de mines de plomb, à Urciers.

LOUIS-PHILIPPE, etc.,

Sur le rapport de notre ministre secrétaire d'état des travaux publics, de l'agriculture et du commerce;

Vu les demandes formées le 24 juin 1836, par MM. Tourrangin et compagnie, et le 26 du même mois par MM. Luzarche et Grenouillet, tendant à obtenir l'autorisation de faire des recherches de mines de plomb dans des terrains qui appartiennent à la commune d'Urciers, département de l'Indre;

La délibération du 18 juillet 1836, du conseil municipal d'Urciers, qui accepte les offres de MM. Luzarche et Grenouillet et refuse son consentement à MM. Tourrangin;

La réclamation de MM. Tourrangin, du 1er août 1836, et les observations en réponse de MM. Luzarche et Grenouillet, du 4 du même mois;

Le rapport, du 19 août, de l'ingénieur en chef des mines;

L'arrêté du préfet de l'Indre, du 22 dudit mois;

Les nouvelles demandes de MM. Tourrangin, des 6, 19 et 26 janvier 1837;

La lettre du maire d'Urciers, du 19 janvier;

Le rapport de l'ingénieur ordinaire des mines, du 10 février, et l'avis de l'ingénieur en chef, du 14 mars;

L'arrêté du préfet, du 22 mars;

L'avis du conseil général des mines, du 10 juillet 1837;

La lettre de notre ministre secrétaire d'état de l'intérieur, du 31 octobre;

Vu les articles 10, 43 et 44 de la loi du 21 avril 1810;

Nous avons ordonné et ordonnons ce qui suit :

Art. 1er. MM. Tourrangin et compagnie sont autorisés à faire, conjointement avec MM. Luzarche et Grenouillet, des recherches de mines de plomb sur les terrains communaux d'Urciers, département de l'Indre.

Art. 2. Les portions de terrains sur lesquelles chacune des deux compagnies devra circonscrire ses exploitations, seront déterminées par le préfet, sur le rapport des ingénieurs des mines, après un examen circonstancié des lieux. Le rapport indiquera les diverses circonstances relatives au gisement du minerai dans le sein de la terre ; il sera accompagné d'un plan sur lequel seront tracés les points où des recherches ont déjà eu lieu, et la délimitation de chacune des portions dans laquelle chaque compagnie sera tenue de se renfermer.

Art. 3. Les indemnités qui seront dues à la commune, à raison de la surface du terrain fouillé, seront évaluées, quant au mode, suivant les règles établies par la loi du 16 septembre 1807, en se conformant à ce qui est prescrit par l'art. 43 de la loi du 21 avril 1810.

Art. 4. Il est expressément défendu aux deux compagnies de se livrer à des travaux d'exploitation.

Art. 5. Conformément à l'art. 11 de la loi du 21 avril 1810, elles ne pourront, sans le consentement des propriétaires, faire des sondes, établir des machines ou magasins, à moins de 100 mètres des habitations ou des clôtures murées.

Art. 6. Elles se conformeront aux instructions qui pourront leur être données par l'administration pour la direction des travaux et la sûreté des ouvriers.

Art. 7. En cas d'inexécution des conditions ci-dessus prescrites, les recherches seront interdites à celle des deux compagnies qui aura commis les contraventions.

Art. 8. La durée des recherches est fixée, pour l'une et l'autre compagnie, à une année, à compter du jour de la notification qui lui aura été faite de la présente ordonnance, sauf prorogation, s'il y a lieu.

Art 9. Notre ministre secrétaire d'état des travaux publics, de l'agriculture et du commerce, est chargé de l'exécution de la présente ordonnance.

Ordonnance du 12 *décembre* 1837, *portant que* M. Bazile Poussy *est autorisé à conserver en activité la forge composée d'un foyer d'affinerie et d'un marteau, qu'il possède sur la rivière de l'*Aubette, *dans la commune de* Lignerolles, *arrondissement de* Chatillon (Côte-d'Or). Forge, à Lignerolles.

Ordonnance du 12 *décembre* 1837, *portant que* MM. Laugère *frères sont autorisés à établir une usine à fer à* Angoulême, *faubourg de* Lhoumeau (Charente), *sur le ruisseau de la* Vimière, *alimenté par la fontaine de* Saint-Roch. Usine à fer, à Angoulême.

Cette usine est composée :

1° D'un haut-fourneau à fondre le minerai de fer;

2° De trois cubilots ou fourneaux à la Wilkinson;

3° D'une machine soufflante;

4° D'un lavoir à minerai;

5° D'un bocard à mine et à laitier;

6° Des fourneaux à coke et des ateliers nécessaires à la fonderie.

Ordonnance du 15 *décembre* 1837, *portant que* MM. Capitain *et* Pyonnier *sont autorisés à établir dans l'enceinte de l'usine qu'ils possèdent sur la* Marne, *au lieu dit* Bussy, *dans la commune de* Vecqueville (Haute-Marne), *un second haut-fourneau destiné à la réduction du minerai de fer.* Haut-fourneau, à Vecqueville.

Ordonnance du 12 *décembre* 1837, *portant que* MM. Pillion, Destombes *et compagnie sont autorisés à établir dans la commune de* Saint-Remy-Mal-Bati (Nord), *une usine à fer qui sera composée :* Usine à fer, à Saint-Remy-Mal-Bâti.

1° De deux hauts-fourneaux;

2° De soixante fours à coke;
3° De dix fours à pudler;
4° De quatre fours de chaufferie;
5° De deux machines à vapeur;
6° Et des diverses machines de compression que comportera ladite usine.

Lavoir à cheval, à Cresancey.

Ordonnance du 15 *décembre* 1837, *portant que* MM. WAUTHERIN *et* VUILLIER, *locataires pour vingt années de quatre lavoirs à bras établis dans la commune de* CRESANCEY (Haute-Saône), *sur le cours d'eau de la fontaine dite* FAUX-SAINT-MARTIN, *conformément à l'ordonnance royale du* 16 *août* 1826, *par* MM. ARDAILLON *et* BESSY, *et appartenant actuellement à* M. GUYOTTE, *sont autorisés à substituer un lavoir à cheval à deux de ces lavoirs à bras.*

(Extrait.)

Art. 4. Le bénéfice de la présente permission est réservé à M. Guyotte, à l'expiration du bail de MM. Vautherin et Vuillier, à la charge par lui de remplir toutes les obligations qui sont imposées à ces derniers.

Lavoir à cheval, à Cugney.

Ordonnance du 15 *décembre* 1837, *portant que* MM. VAUTHERIN *et* VUILLIER *sont autorisés à établir un lavoir à cheval pour le lavage du minerai de fer sur un terrain dont ils possèdent une partie et tiennent l'autre à bail de* M. André BLANCHARD *et des héritiers* Valère BLANCHARD, *au lieu dit le* PRÉ DU MONT, *commune de* CUGNEY, *arrondissement de* GRAY (Haute-Saône).

Les articles 3 et suivants prescrivent l'établissement de bassins d'épuration.

Ordonnance du 15 *décembre* 1837, *portant que* M. Goupil *est autorisé à conserver et tenir en activité les forges de* Dampierre, *qu'il possède dans la commune de* Dampierre-sur-Blévy, *arrondissement de* Dreux (Eure-et-Loir).

Forges de Dampierre.

Ces usines sont et demeurent composées :
1° De deux feux de renardière ;
2° D'une chaufferie ;
3° De trois fours à réverbère ;
4° D'un gros marteau ;
5° D'une fenderie ;
6° D'une taillanderie.

Ordonnance du 15 *décembre* 1837, *portant que* M. Goupil *est autorisé à conserver et tenir en activité le haut-fourneau de* Boussard *qu'il possède sur le ruisseau de ce nom, commune de* Senonches, *arrondissement de* Dreux (Eure-et-Loir).

Haut-fourneau de Boussard, à Senonches.

Ordonnance du 15 *décembre* 1837, *portant que* M. Chanlaire *est autorisé à établir un bocard et un patouillet pour la préparation du minerai de fer, sur un canal de décharge des moulins de* Vassy, *dans un clos attenant à l'usine qu'il possède dans la commune de* Brousseval, *arrondissement de* Vassy (Haute-Marne).

Bocard et patouillet, à Brousseval.

Les articles 7 et suivants prescrivent l'établissement de bassins d'épuration.

Ordonnance du 24 *décembre* 1837, *portant que* M. de Hédouville *est autorisé à établir un bocard et un patouillet pour la préparation du minerai de fer, sur le ruisseau de* Sommermont, *dans sa*

Bocard et patouillet, à Sommermont.

propriété, au lieu dit LA PIÈCE DU BREUIL, *commune de* SOMMERMONT (Haute-Marne).

Les articles 9 et suivants prescrivent l'établissement d'un bassin d'épuration.

Bocard et patouillet, à Louvemont.

Ordonnance du 24 décembre 1837, portant que M. GEOFFROY DE LAIGLE *est autorisé à établir un bocard à huit pilons et un patouillet à deux huches, pour la préparation du minerai de fer, sur le ruisseau de* HAUBERT, *dans sa propriété, située au lieu dit le* CHAMP-GERBEAU, *commune de* LOUVEMONT (Haute-Marne).

Les articles 7 et suivants prescrivent l'établissement d'un bassin d'épuration.

Bocard et patouillet, à Chevillon.

Ordonnance du 26 décembre 1837, portant que MM. FRERSON-PLIQUE *et* CUREL *sont autorisés à établir un bocard à dix pilons et un patouillet à deux huches, pour la préparation du minerai de fer, en remplacement d'un des tournants du moulin qu'ils possèdent sur le ruisseau de* CHEVILLON, *commune de ce nom, arrondissement de* VASSY (Haute-Marne).

Les articles 6 et suivants contiennent les dispositions relatives au bassin d'épuration, etc.

Mines de houille de la Vernade.

Ordonnance du 27 décembre 1837, portant qu'il est fait concession à M. Paul RAMBOURG, *à* Madame veuve RAMBOURG, *sa mère, à* MM. Louis et Charles RAMBOURG, *ses frères, des mines de houille comprises dans les limites ci-après définies, canton de* MONTAIGUT (Puy-de-Dôme).

Cette concession, qui prendra le nom de *concession de*

la Vernade, est limitée, conformément au plan annexé à la présente ordonnance, ainsi qu'il suit, savoir :

Au sud-est, par une ligne menée du confluent de la Boubre et du ruisseau de l'étang Nique à l'angle nord-ouest du bâtiment principal du domaine dit : Chez-Roche ;

Au sud-ouest, par une ligne menée du dernier point ci-dessus au point de croisement des chemins de Montaigut à Ebreuille, et des Bayons aux Tuileries, mais prolongée jusqu'à sa rencontre au point X avec une autre ligne menée du milieu de la maison la plus orientale du village de Sucharet au milieu du bâtiment d'exploitation du domaine de la Vernade d'en haut ;

Ladite limite sud-ouest forme la limite nord-est de la concession de la Roche ;

A l'ouest, par la ligne ci-dessus indiquée, menée du Sucharet à la Vernade d'en haut, depuis le point X jusqu'au point de rencontre E du prolongement de ladite ligne avec le ruisseau de l'étang Nique ;

Au nord, enfin, par une ligne menée du point E au confluent de la Boubre et du ruisseau de l'étang Nique, point de départ ;

Lesdites limites renfermant une étendue superficielle de 1 kilomètre 54 hectares.

L'article 7 porte que M. Blaise Brun est notamment renvoyé à se pourvoir devant le conseil de préfecture pour le règlement, s'il y a lieu, de l'indemnité à laquelle il jugerait devoir prétendre, relativement aux travaux qu'il a exécutés sur la mine de Lacroix, comprise dans la présente concession de la Vernade.

Ordonnance du 27 *décembre* 1837, *portant qu'il est fait concession à* M. Antoine Thévenin, *à* Madame Bidou, *son épouse, et à* MM. Claude-Antoine et Antoine-Philippe-Remi Thévenin, *leurs fils, des mines de houille comprises dans les limites ci-après définies, canton de* Montaigut (Puy-de-Dôme).

Mines de houille de la Roche.

Cette concession, qui prendra le nom de *concession de*

la Roche, est limitée, conformément au plan annexé à la présente ordonnance, ainsi qu'il suit, savoir :

A l'est, par une ligne menée de l'angle nord-ouest du bâtiment principal du domaine dit *Chez-Roche*, au point de rencontre F de la limite nord du bois taillis que M. Antoine Thévenin possède au terroir des Sapins (article 669, section C du plan cadastral de Saint-Eloy), avec une ligne menée du confluent de la Boubre et du ruisseau de l'étang Nique, à l'angle sud de la maison la plus orientale du hameau de Puyssidoux;

Au sud, par une ligne menée du point F au point de rencontre G du ruisseau des Moulins, avec une ligne menée du milieu de la maison la plus orientale du village de Sucharet, au milieu du bâtiment d'exploitation du domaine de la Vernade d'en haut;

A l'ouest, par la ligne ci-dessus indiquée, depuis le point G jusqu'à son point de rencontre X, avec le prolongement d'une ligne menée de l'angle nord-ouest du domaine dit *Chez-Roche*, au point de croisement des chemins de Montaigut à Ebreuille, et des Bayons aux Tuileries;

Au nord-est, par cette dernière ligne, depuis la pointe X jusqu'à l'angle nord-ouest dn bâtiment principal du domaine dit *Chez-Roche*, point de départ;

Ladite limite nord-est forme la limite sud-ouest de la concession de la Vernade;

Les limites ci-dessus indiquées renfermant une étendue superficielle de 1 kilomètre 98 hectares.

Mines d'anthracite du Puy-St-André.

Ordonnance du 28 *décembre* 1837, *portant qu'il est fait concession à* MM. Hilaire BARNÉOUD ARNOULET *des mines d'anthracite comprises dans les limites ci-après définies*, *commune du* PUY-SAINT-ANDRÉ (Hautes-Alpes).

Cette concession, qui prendra le nom de *concession du Puy-Saint-André*, est limitée, conformément au plan annexé à la présente ordonnance, ainsi qu'il suit, savoir :

Au nord, par une ligne séparative des communes de Saint-Pierre et de Saint-André, depuis le rocher marqué de la lettre B, servant de limite à la concession de *Com-*

barine, jusqu'au rocher marqué G, autre point limite de la même concession;

A l'est, par une ligne menée du rocher marqué G' au sommet D du rocher des Aiguillettes, et de là au sommet H du plus haut mamelon situé entre le torrent Saugnié et le torrent de la Fortune;

Au sud, par une ligne joignant le sommet H dudit mamelon au point d'intersection F du canal appelé le *Chenal* avec le ruisseau du Puy-Chovin, et allant de là au four banal E dudit Puy-Chovin,

A l'ouest, par une ligne droite tirée du four banal E du Puy-Chovin au rocher marqué B, sur la limite des communes de Saint-Pierre et de Saint-André, point de départ;

Lesdites limites renfermant une étendue superficielle de 103 hectares.

Oordonnance du 28 *décembre* 1837, *portant qu'il est fait concession à* MM. Antoine Fine *et* Jean-Baptiste Léautaud *des mines d'anthracite comprises dans les limites ci-après définies, communes de* Briançon *et du* Puy-Saint-André (Hautes-Alpes). Mines d'anthracite de Gagniare.

Cette concession, qui prendra le nom de *concession de Gagniare*, est limitée, conformément au plan annexé à la présente ordonnance, ainsi qu'il suit, savoir :

Au nord-est, par une ligne brisée partant du rocher G, limite de la concession de *Combarine*, passant par le rocher F, de la Fisselle, par le pont A du mas de la Draye, et venant aboutir à la maison B de la Clapière;

Au sud-est, par une ligne droite menée de la maison B de la Clapière au rocher C dit de Saugnié;

Au sud-ouest, par une ligne droite joignant le rocher C de Saugnié au sommet D du plus haut mamelon, situé entre le torrent Saugnié et le torrent de la Fortune;

Enfin au *nord-ouest*, par une ligne menée du sommet D, du mamelon précité au sommet E du rocher des Aiguillettes, et de là au rocher marqué G, point de départ;

Lesdites limites renfermant une étendue superficielle de soixante-dix-sept hectares.

PERSONNEL.

Par ordonnance du roi, du 5 *septembre* 1837, — M. Mœvus, aspirant au corps royal des mines, a été nommé ingénieur ordinaire de 2e classe.

Par ordonnance du 21 *septembre* 1837, — M. Clapeyron, ingénieur ordinaire de 1re classe au corps royal des mines, a été promu au grade d'ingénieur en chef de 2e classe.

Par ordonnance du 9 *octobre* 1837, — M. Regnault, aspirant au corps royal des mines, a été nommé ingénieur ordinaire de 2e classe.

Par arrêté de M. le ministre des travaux publics, de l'agriculture et du commerce, du 2 *juillet* 1837, — MM. Declerck, Ebelmen et Sauvage, élèves-ingénieurs des mines, sont nommés aspirants.

Par arrêté du ministre, du 31 *juillet* 1837, — M. Sauvage, aspirant-ingénieur des mines, est chargé définitivement du service du sous-arrondissement de Mézières, en remplacement de M. de Hennezel, ingénieur ordinaire placé dans la réserve.

Par arrêté du ministre, du 31 *juillet* 1837, — M. Lecocq, ingénieur ordinaire des mines, attaché temporairement aux travaux relatifs aux collections de l'Ecole, est adjoint à l'ingénieur en chef, inspecteur des études, pour la garde et la conservation de ces collections.

Par arrêté du ministre, du 18 *novembre* 1837, — M. Puvis, ingénieur en chef des mines de l'arrondissement de Mâcon, est placé dans la réserve.

Par arrêté du ministre, du 15 *décembre* 1837, —

MM. Manès et Parrot, ingénieurs ordinaires, sont chargés de remplir les fonctions d'ingénieurs en chef, le premier dans les départements de l'Ain et de Saône-et-Loire, et le second dans les départements du Doubs et du Jura.

Élèves admis à l'École royale des mines le 4 octobre 1837.

MM. Galissard de Marignac,
Vatinelle,
Cacarrié,
Durocher,
Piérard.

CIRCULAIRES

Adressées à MM. les Préfets et à MM. les Ingénieurs des mines.

Paris, le 20 septembre 1837.

Demandes en concurrence pour des concessions de mines.

Monsieur le préfet, l'article 26 de la loi du 21 avril 1810 a fixé un délai pour l'admission, dans l'instruction locale, des oppositions et des demandes en concurrence formées en matière de concessions de mines.

L'article 28 ajoute que, jusqu'à ce que l'ordonnance qui statue sur la concession ait été rendue, toute opposition sera admissible devant le ministre ou le secrétaire général du conseil d'état.

Bien que ce dernier article ne fasse mention que des oppositions, on a toujours entendu jusqu'ici qu'il s'appliquait également aux demandes en concurrence, et qu'ainsi elles pouvaient être recevables jusqu'à l'émission de l'ordonnance.

L'instruction ministérielle du 3 août 1810, qui a eu pour objet de pourvoir à l'exécution de la loi, s'explique à cet égard formellement; elle a compris sous une même dénomination les demandes en concurrence et les oppositions. Pareille assimilation se trouve dans un arrêté pris à ce sujet par M. le ministre de l'intérieur, le 27 octobre 1812, et dans une circulaire du même ministre, du 3 novembre suivant.

Si l'on consulte les termes et l'esprit de la loi de 1810, on voit que cette interprétation y est entièrement conforme. Un droit n'est pas conféré aux demandeurs qui se sont pourvus dans les délais indiqués par l'article 26; la priorité de la demande est un titre que l'on peut faire valoir; elle n'est point une cause d'exclusion pour d'autres prétendants que des circonstances particulières, la découverte qu'ils auraient faite de nouvelles couches ou de nouveaux filons, peuvent déterminer à solliciter une concession pour laquelle ils n'avaient pas d'abord songé à se mettre sur les rangs. Le gouvernement est juge, d'après l'article 16, des motifs ou considérations qui doivent décider de la préférence à accorder à tel ou tel des demandeurs, et il importe à l'intérêt public, première base de la législation en fait de mines, qu'il puisse choisir parmi le plus grand nombre possible de concurrents.

Mais en même temps, par cela que les articles 27 et 28 autorisent à statuer sur la concession à l'expiration du délai des affiches et publications, et après l'accomplissement des formalités prescrites aux articles précédents, l'intervention de nouveaux concurrents, à ce degré de l'instruction, ne saurait contraindre nécessairement à suspendre la marche de l'affaire et à surseoir à la concession. De même que l'existence des demandes antérieures, présentées dans les délais et complétement instruites, ne met pas cependant obstacle à ce que l'administration, lorsqu'elle le juge conforme à l'intérêt général, ajourne la décision et ordonne l'instruction préalable de nouvelles demandes, de même la production de ces dernières ne peut l'empêcher de passer outre, si elle reconnaît que toutes les conditions désirables se trouvent déjà réunies pour que la mine soit concédée. Ce qui est indispensable, c'est que la demande de celui que l'on choisira pour concessionnaire ait été soumise à toutes les formalités voulues par la loi. On n'aurait pas le droit d'accorder la concession à l'un des concurrents dont la demande n'aurait point complétement subi ces formalités; mais on n'est pas obligé de les recommencer indéfiniment au gré des nouveaux prétendants qui viendraient se présenter. Autrement, il n'y aurait point de terme aux affaires. Les circonstances propres à chaque espèce et les considérations d'utilité publique doivent seules décider s'il est juste et convenable, suivant tel ou tel cas, de différer a concession ou de l'instituer.

Tels sont les principes qui, à la suite d'un examen récent de ces questions, ont été reconnus par le conseil d'état, sections réunies, devoir servir de règles en ces matières.

On a jugé que lorsque des demandes en concession de mines ont été instruites conformément aux dispositions prescrites par la loi du 21 avril 1810, le gouvernement peut, nonobstant une nouvelle demande qui serait présentée, accorder la concession à celui des demandeurs dont la pétition se trouverait avoir déjà subi toutes les formalités voulues;

Qu'il est toujours libre aussi, quand des demandes en concurrence interviennent après les délais, de surseoir à la concession, s'il le juge convenable, et d'ordonner l'instruction de ces nouvelles demandes.

C'est d'après ces règles qu'il devra être procédé au sujet des concessions des mines que l'on aura à instituer. Ces points étaient importants à fixer. La solution qui leur est donnée et qui est tirée de l'esprit et des termes de la loi concilie tous les intérêts; prévient les entraves qui pourraient être apportées dans les affaires par des réclamations intempestives; elle fournit, d'un autre côté, les moyens d'apprécier tous les titres fondés qui, par quelque cause que ce soit, auraient été empêchés de se produire dans une première instance. Ici, comme en tout, l'administration s'est efforcée de chercher ce qui pouvait être utile à l'industrie, favoriser son essor et seconder ses progrès.

Je joins une copie de l'avis du conseil d'état (1) à la suite de la présente circulaire, dont j'adresse une ampliation à MM. les ingénieurs des mines. Je vous prie de m'en accuser réception.

Agréez, monsieur le préfet, l'assurance de ma considération la plus distinguée,

Le conseiller d'état, directeur général des ponts-et-chaussées et des mines,

Signé LEGRAND.

Paris, le 30 septembre 1837.

MINIÈRES DE FER. — Cessions du droit d'exploiter faites par les propriétaires du sol. — Effets de ces cessions.

Monsieur le préfet, la loi du 21 avril 1810 a conféré aux usines régulièrement établies un droit d'usage sur les minières de fer qui sont situées dans leur voisinage. Elle exige que le propriétaire du fonds les exploite pour fournir à leurs approvisionnements; et, s'il n'exploite pas, elle donne au

(1) V. les *Annales des mines*, 3ᵉ série, tome XI, page 665.

maître de forges la faculté d'extraire à sa place. Par ces dispositions, la loi a voulu prévenir le chômage des forges et assurer leur existence, qui importe à l'intérêt public.

Mais il arrive quelquefois que des propriétaires de minières cèdent à des tiers leur droit d'exploitation. On s'est demandé si ces sortes de cessions sont valables; si la déclaration que le propriétaire, aux termes de l'article 59, est tenu de faire pour exploiter peut être présentée en son nom par ses cessionnaires; et, dans le cas où elle serait accueillie, si c'est toujours au propriétaire ou bien aux cessionnaires que le maître de forges doit s'adresser, si l'exploitation n'a pas lieu, pour mettre le possesseur du terrain en demeure de fournir aux besoins de l'usine, dans les circonstances prévues par les articles 60 et 62 de la loi.

Plusieurs maîtres de forges ont représenté qu'ils éprouveraient de grands embarras, de grands préjudices, s'ils étaient obligés, au lieu de s'adresser à un petit nombre de propriétaires, d'avoir des actions à exercer contre différents cessionnaires, qui pourraient leur susciter des difficultés et entraver leurs entreprises : il convenait de déterminer la marche que l'on devait tenir en pareil cas, et de préciser les règles de la matière.

C'est en vue seule de l'intérêt public que la loi a restreint la jouissance du propriétaire sur la disposition du minerai que renferme son terrain; hors les cas exceptionnels qu'elle a spécifiés, elle n'a point dérogé au droit commun en ce qui concerne ce minerai; elle n'a pas, par conséquent, privé le propriétaire de la faculté de céder à des tiers son droit de les exploiter. On doit reconnaître que cette faculté lui appartient: qu'en l'exerçant il agit dans la limite de ses droits, et que ses cessionnaires, s'ils justifient de leur mandat par actes authentiques, peuvent être admis à faire en son nom la déclaration indiquée dans l'article 59.

Mais en même temps le propriétaire de la minière ne peut et ne doit rien changer aux obligations que la loi lui a imposées, et qui sont une servitude inhérente à sa propriété. Il ne saurait, par conséquent, modifier en aucun cas les rapports qu'elle lui a créés vis-à-vis de l'autorité administrative et des propriétaires d'usines. En énonçant que ces rapports seraient immédiats, que c'est au propriétaire du fonds que l'on s'adresserait, la loi a voulu expressément veiller à ce que l'approvisionnement des forges se fît de la manière la plus sûre et la plus prompte : son but serait éludé si le propriétaire pouvait convertir en une action personnelle contre ses cessionnaires l'action directe, immédiate, que l'administration et les maîtres de forges ont le droit d'exercer contre lui. Il suit de là que le propriétaire de la minière doit rester toujours le véritable obligé ; qu'en donnant acte aux concessionnaires de la déclaration par eux présentée, ce n'est qu'à titre de mandataires qu'on reçoit leur intervention, et que la permission qui est délivrée ne peut valoir que pour le propriétaire ; qu'en un mot c'est lui seul qu'on doit reconnaître, soit qu'il agisse par lui-même, soit qu'il se présente dans la personne de ses mandataires ; et que, si le minerai n'est pas exploité, c'est lui exclusivement qui doit être mis en demeure d'en opérer l'extraction pour les approvisionnements des usines du voisinage.

De cette manière, on respecte et l'on concilie tous les intérêts ; les cessions faites par le propriétaire du terrain ne peuvent préjudicier ni à la société ni aux maîtres de forges ; l'intention de la loi est remplie, les règles qu'elle a posées reçoivent leur entière exécution.

C'est à l'effet de fixer ces principes que, sur mon rapport, M le ministre des travaux publics, de l'agriculture et du commerce, a pris l'arrêté dont je vous transmets une ampliation.

Cet arrêté admet que le propriétaire d'un terrain sur lequel il y a du minerai de fer peut céder à des tiers la faculté d'exploiter à sa place, mais sans s'exempter en aucune façon de ses obligations. Il porte en conséquence qu'il ne pourra être donné acte à des cessionnaires de leurs déclarations, qu'à la condition qu'elles seront accompagnées de pièces authentiques attestant qu'ils sont mandataires du propriétaire du sol ; que la permission ne vaudra que pour ce propriétaire, et que c'est à lui exclusivement que les maîtres de forges continueront de s'adresser pour le mettre en demeure d'exploiter si les cessionnaires n'exploitent pas.

Il reste entendu que l'acte de déclaration qui est donné, soit au propriétaire de la minière, soit à ses cessionnaires, doit toujours déterminer les limites de l'exploitation et les règles à suivre sous les rapports de sûreté et de salubrité publiques, conformément à ce que prescrit l'article 58 de la loi.

Il vous appartiendra, monsieur le préfet, de faire l'application de ces dispositions aux espèces sur lesquelles vous aurez à statuer dans votre département.

Je joins une copie de l'arrêté du ministre (1) à la suite de la présente, dont j'adresse une ampliation à MM. les ingénieurs des mines. Je vous prie de m'en accuser réception.

Agréez, monsieur le préfet, l'assurance de ma considération la plus distinguée,

Le conseiller d'état, directeur général des ponts-et-chaussées et des mines,

Signé LEGRAND.

Paris, le 2 octobre 1837.

MINIÈRES DE FER. — Servitude de ces minières envers les usines du voisinage. — Concurrence des maîtres de forges pour les minerais du même fonds.

Monsieur le préfet, d'après l'article 59 de la loi du 21 avril 1810, les propriétaires des minières de fer sont tenus de les exploiter eux-mêmes ou de les laisser exploiter pour les besoins des usines du voisinage.

Deux questions se sont élevées à ce sujet: on a demandé comment devait être interprétée cette expression de *voisinage;* et, d'autre part, si des cantonnements peuvent être assignés à des usines, dans les minières, pour leurs approvisionnements.

Ces questions, qui intéressent à un haut degré l'industrie des forges, appelaient un sérieux examen.

Lorsque la loi a spécifié que les propriétaires de minières de fer seraient obligés de fournir, autant que possible, aux besoins des usines voisines, elle n'a pas voulu donner au mot *voisinage* une acception rigoureuse, invariable, et telle que le sens n'en pût être restreint ou étendu suivant la diversité des cas qui peuvent se rencontrer. Cela aurait été impraticable, et la nature même des choses s'y opposait.

Beaucoup d'usines sont dans la nécessité de tirer de fort loin tout le minerai qu'elles consomment; les gîtes de fer les plus rapprochés en sont quelquefois à dix ou quinze lieues, et même davantage. Par exemple, les gîtes de fer de Rancié, dans l'Ariége, alimentent des usines situées à

---

(1) Voir les *Annales des mines*, 3e série, tom. XI, pag. 674.

plus de quarante lieues. Dans d'autres localités, les forges ne peuvent être alimentées que par plusieurs minières qui sont placées de différents côtés, et il arrive souvent que les gîtes les plus voisins du côté du midi sont à une grande distance, tandis que ceux du nord sont à proximité.

Ainsi, telles usines, quoique éloignées d'une minière, doivent être regardées comme comprises dans le rayon de voisinage, s'il n'existe pas d'exploitation plus prochaine où elles puissent trouver les minerais qui leur sont nécessaires. Pour une même usine, ce rayon varie, lorsqu'ayant besoin des produits de différents gîtes, les uns sont à sa porte, les autres en sont plus ou moins éloignés.

Il était impossible, en un mot, d'établir pour le rayon de voisinage une règle fixe et uniforme : il est de sa nature essentiellement variable; il se modifie selon les circonstances, les localités et les accidents qui peuvent se rencontrer.

Aussi la loi ne l'a t-elle point déterminé. Il résulte des termes mêmes qu'elle a employés, que ces sortes d'affaires doivent donner lieu à des solutions spéciales, relativement à chaque minière.

Par conséquent, lorsque des questions de voisinage se présentent pour des usines, c'est aux préfets, chargés, aux termes de la loi, de régler les exploitations des minières, qu'il appartient de statuer d'après les espèces, les lieux et les circonstances, sauf recours devant l'autorité supérieure s'il y a réclamation.

Mais il ne saurait être question de désigner dans les minières des cantonnements où certaines usines plus ou moins rapprochées auraient seules la faculté de s'approvisionner. L'article 59 de la loi, en établissant au profit des maîtres de forges une servitude sur les minières de leur voisinage, n'a pas entendu leur conférer ici un droit exclusif, à l'aide duquel ils pourraient évincer les autres établissements qui auraient besoin de ces mêmes minerais. Cet article porte uniquement que tout propriétaire de minière ne pourra refuser de satisfaire, autant que possible, aux besoins des maîtres de forges qui sont établis dans le voisinage. Les dispositions qui suivent confèrent à ces maîtres de forges la faculté d'obliger ce propriétaire à extraire en quantité suffisante pour fournir à leurs approvisionnements, ou de les laisser exploiter à sa place s'il ne veut pas exploiter lui-même. Elles leur donnent aussi le droit d'être servis les premiers, de préférence aux autres usines qui ne peuvent se dire voisines; mais, leurs approvisionnements réglés, le propriétaire est libre de vendre du minerai à d'autres, d'en expédier où bon lui semble.

En effet, par ces expressions, qu'il fournira, *autant que faire se pourra*, aux besoins des usines établies dans le voisinage, l'article 59 reconnaît qu'il peut arriver que les produits d'une minière ne suffisent pas pour alimenter les usines voisines, ce qui implique évidemment qu'elles auront la faculté de se pourvoir ailleurs, non plus, il est vrai, avec privilége, mais du moins comme pourra le faire toute manufacture dans d'autres industries. Or, cette faculté leur serait ôtée si chaque minière, dévolue exclusivement aux usines du voisinage, ne pouvait admettre d'autres forges plus éloignées à prendre part dans ses produits.

L'article 64 est plus explicite encore : il spécifie expressément que plusieurs maîtres de forges, sans distinguer entre ceux qui sont ou non voisins de la minière, pourront y exploiter. De même il les autorise indistinctement à venir acheter du minerai au propriétaire du sol, lorsque c'est celui-ci qui exploite. Il veut uniquement que, dans l'un et dans l'autre cas, la part de chacun d'eux soit réglée par le préfet.

Il résulte de l'ensemble de ces dispositions qu'il ne peut y avoir lieu qu'à régler ces proportions entre les usines qui se trouvent en concurrence pour acheter ou pour exploiter sur un même fonds, et non à affecter des cantonnements à tels ou tels établissements ; qu'enfin le droit de voisinage pour un maître de forges se borne à pouvoir exiger du minerai de la minière comprise dans son rayon, et à être servi avant tout autre plus éloigné, dans la proportion de ses besoins actuels. Les décisions que l'administration a eu plusieurs fois occasion de rendre ont été conformes à ces principes. Un grand nombre de points de la France en offrent l'application : on voit les produits qui excèdent la consommation des usines de la localité être annuellement transportés à des distances plus ou moins considérables, sans qu'il s'élève de réclamations, et c'est ainsi notamment que l'on fond à Saint-Etienne des minerais de l'Ain et de la Haute-Saône, et que les usines de la Gironde et même des Landes tirent des minerais de la Dordogne et du département de Lot-et-Garonne.

A la vérité, il existe deux exemples où des minières sont

exclusivement affectées à un certain nombre d'usines situées dans leur circonscription : ce sont les minières de *Saint-Pancré* et celles d'*Audun-le-Tiche* et d'*Aumetz*, dans le département de la Moselle. Mais ce n'est là qu'un régime tout à fait exceptionnel, dont l'origine remonte à des temps reculés, et qui a été conservé en raison d'antiques usages du pays, des anciens titres, des droits acquis sur lesquels il était fondé, et de la nature spéciale de ces gîtes, qui exigeait des règles particulières pour leur aménagement, nécessaire à l'intérêt public.

En général, il y aurait de très-graves inconvénients à affecter à des usines des périmètres qui leur seraient exclusivement réservés. L'administration y trouverait sans doute plus de facilité pour prévenir les contestations entre les maîtres de forges, mais une semblable mesure dérogerait au principe de la loi, puisqu'elle équivaudrait à une sorte de régime de concession des minières de fer, régime que le législateur a interdit, sauf les cas exceptionnels qu'il a prévus; on ajouterait arbitrairement des limites à l'exercice du droit de propriété; on entraverait les améliorations qui pourraient être obtenues dans les forges par des mélanges de minerais provenant de différents lieux; on compromettrait l'avenir de l'industrie, en créant en faveur de quelques maîtres de forges des droits absolus qui empêcheraient la formation de nouvelles usines, et même, dans certains cas, mettraient obstacle à ce que les usines actuellement existantes pussent prendre de l'accroissement. Il est donc ici dans l'intérêt de tous que l'on n'établisse pas de ces sortes de cantonnements.

Il importait de bien fixer ces principes. M. le ministre des travaux publics, de l'agriculture et du commerce, a pris à cet effet, sur mon rapport, un arrêté dont je vous transmets une expédition (1).

Il porte que les déterminations de rayons de voisinage pour les usines, relativement aux minières de fer, ne pouvant être absolues, et dépendant des circonstances locales, c'est aux préfets à appliquer, dans chacun des cas particuliers sur lesquels ils sont appelés à se prononcer, les dispositions de la loi, à ce sujet, d'après les faits propres à chaque espèce; que pareillement ils doivent, lorsqu'il y

(1) Voir les *Annales des mines*, 3e série, tome XI, page 678.

a concurrence entre plusieurs maîtres de forges pour exploiter ou pour acheter du minerai sur un même fonds, régler les proportions suivant lesquelles chacun d'eux y participera ; mais qu'en aucun cas il ne sera désigné, dans les minières, des cantonnements pour l'approvisionnement de ces usines.

Je vous prie de m'accuser réception de la présente circulaire, dont j'adresse une ampliation à MM. les ingénieurs des mines.

Recevez, monsieur le préfet, l'assurance de ma considération la plus distinguée.

Le conseiller d'état, directeur général des ponts-et-chaussées et des mines,

Signé LEGRAND.

Paris, le 31 octobre 1837.

Demandes en concession des mines.

Monsieur le préfet, la loi du 21 avril 1810 a distingué les cas où il y a lieu de procéder à l'instruction d'une demande en concession de mines et à l'institution de la concession, de ceux où il ne peut encore être question que d'opérer des travaux de recherches.

Il est évident que la première chose à faire pour solliciter la concession d'un gîte minéral, et pour que l'administration puisse donner suite à la demande, c'est de justifier qu'il y a matière à concession.

Cette distinction est souvent oubliée par les personnes qui veulent se livrer à des entreprises de mines. Des concessions sont demandées avant qu'on se soit assuré si des mines existent dans les terrains que l'on indique ; quelquefois, ajoutant trop tôt créance à des découvertes annoncées prématurément, on a commencé l'instruction, fait des publications et affiches, et beaucoup d'inconvénients sont résultés de cette marche trop précipitée : il m'a paru nécessaire de rappeler à cet égard les règles qui doivent être suivies.

La loi a spécifié dans la section Ire du titre III, qui est intitulée : *Des actes qui précèdent la demande en concession de mines*, que des travaux de recherches sont un préliminaire indispensable quand la présence du gîte minéral est encore ignorée ou n'est point suffisamment connue.

Elle laisse à chacun le droit d'opérer ces recherches sur le terrain dont il est propriétaire. Si l'on n'est point possesseur du terrain, et si l'on n'a pas le consentement de celui à qui il appartient, elle donne la faculté de demander une permission pour exécuter ces travaux : c'est une demande de ce genre et non une demande en concession qui doit être formée lorsque la mine n'est point découverte.

L'article 22 porte, il est vrai, que la demande en concession sera publiée et affichée dans les dix jours de sa réception à la préfecture ; mais l'article 23 ajoute que les affiches seront apposées dans le chef-lieu de l'arrondissement *où la mine est située*, ce qui indique clairement qu'il faut que l'on ait d'abord constaté l'existence de la mine.

Le but des publications et affiches est d'appeler les propriétaires du sol, et en général les tiers qui peuvent y avoir intérêt, à faire valoir les observations ou réclamations qu'ils auraient à produire : ce serait induire le public en erreur, que de lui donner à penser qu'un gîte est reconnu lorsqu'il ne l'est point encore.

Toutes les formalités que la loi du 21 avril 1810 et le décret du 18 novembre suivant ont prescrites, montrent que la première condition à remplir est de justifier *qu'une mine existe.*

Un plan régulier de la surface, dressé ou vérifié par l'ingénieur des mines, et certifié par le préfet du département, doit être joint à la demande : ce plan ne saurait être levé ou ne serait qu'illusoire tant que l'on ignore si le sol recèle effectivement un gîte concessible.

Les ingénieurs en chef sont chargés, par le décret du 18 novembre 1810, de rédiger des projets d'affiches : cette désignation des ingénieurs en chef fait assez voir qu'on n'a point entendu que ces affiches fussent une chose de pure forme. L'intervention de ces fonctionnaires était superflue s'il n'y avait eu de leur part aucun examen à faire, si aucune notion n'eût été à fournir par le demandeur, si en un mot par cela qu'une demande, quelle qu'elle fût, était présentée, l'affiche était de droit.

L'instruction ministérielle du 3 août 1810, qui a eu pour

objet de pourvoir à l'exécution de la loi, s'est exprimée positivement à cet égard. Elle porte qu'il y a lieu à demande en concession, soit pour des mines nouvellement découvertes, lorsque le gisement des couches minérales est tellement reconnu qu'il y a certitude d'une exploitation utile, soit pour des mines exploitées et non encore concédées. Sans doute on ne doit pas induire de ces expressions qu'il faut, pour procéder à l'instruction d'une demande, ni même à la concession, que l'on ait acquis la preuve que l'exploitation sera profitable au concessionnaire : c'est là une question qu'il serait toujours difficile et souvent impossible de résoudre par avance. Il appartient à celui qui sollicite une concession de calculer les chances de l'entreprise qu'il veut former. Les ingénieurs doivent l'éclairer de leurs conseils, lui fournir les divers documents qui seraient en leur possession relativement à la nature du terrain, au succès plus ou moins probable qu'il peut offrir; mais l'incertitude sur le résultat futur d'une exploitation ne serait point, à moins de circonstances spéciales et déterminantes, une cause de rejet ou d'ajournement. Ce qui est exigé, c'est que la demande ait un objet réel dans une mine véritablement existante.

Si cette condition est nécessaire pour que l'on puisse procéder à l'instruction de la demande, elle est à plus forte raison indispensable pour que l'on institue la concession, et même ici des renseignements plus circonstanciés doivent être requis. Dans le premier cas, il peut suffire que l'on sache positivement qu'une mine existe : pendant la durée de l'instruction, les demandeurs pourront exécuter de nouveaux travaux de recherches et fournir des indications plus complètes. Dans le second cas, celui où il s'agit de concéder la mine, il faut que ces indications aient été préalablement réunies, que l'on connaisse, sinon toutes les circonstances du gisement (ce qui sera le fruit de travaux ultérieurs entrepris en grand), du moins les principales allures de la mine, que l'on ait des données assez précises sur ses ramifications et son étendue présumées ; autrement il serait impossible d'assigner, avec quelque connaissance de cause, un périmètre à la concession, d'en déterminer les charges : on serait obligé d'agir aveuglément, au hasard.

Tels sont les principes qui dérivent de la loi et d'après lesquels sont intervenues plusieurs décisions récentes portant qu'il n'y avait point lieu de publier et d'afficher des demandes formées avant que l'existence de la mine eût été constatée, et déclarant comme non avenues d'autres demandes qui avaient pour objet des mines découvertes, mais dont le gisement n'était pas suffisamment connu pour que l'on pût procéder à la concession.

Le refus d'afficher une demande et d'instituer une concession en de semblables circonstances ne peut ni décourager les explorations, ni affaiblir l'activité des recherches. La loi réserve à l'inventeur d'une mine une indemnité pour le cas où la concession est dévolue à un autre : elle alloue également des indemnités pour les travaux entrepris antérieurement à l'acte de concession et dont le concessionnaire pourrait profiter. Ainsi, les explorateurs savent qu'ils pourront recueillir le fruit de tous les travaux véritablement utiles qu'ils auront opérés. On favorise les recherches en accordant, lorsqu'il y a lieu, des permissions pour les porter sur les terrains d'autrui; l'administration met encore tous ses soins à les seconder par les études géologiques qu'elle fait exécuter. Enfin, dans chaque localité, les ingénieurs s'empressent, chaque fois qu'on s'adresse à eux, de fournir le tribut de leurs lumières et de leur expérience aux personnes qui désirent se livrer à ces explorations. C'est là une partie importante de leur mission, et ils s'en acquittent, dans toutes les occasions, avec zèle et dévouement. Mais plus l'administration a le désir de seconder les efforts de l'industrie, plus elle doit éviter tout ce qui pourrait donner crédit à des entreprises qui ne seraient point sérieuses et qui n'offriraient aucune garantie.

Il n'est pas sans exemple que des demandeurs en concession aient abusé d'une publicité prématurément donnée à leur demande, pour engager des tiers à contracter avec eux, à leur remettre des fonds sous prétexte qu'il y avait une mine reconnue, un gage positif pour les contractants, et qu'ils avaient déjà des droits acquis. De même on a vu quelquefois, lorsque des concessions avaient été instituées sans les précautions préalables nécessaires, les titulaires se servir du titre qu'ils avaient entre leurs mains pour induire le public dans de graves erreurs. Il est du devoir de l'administration de chercher par tous les moyens possibles à prévenir de pareils abus. L'un de ces moyens est de veiller à ce qu'aucune demande en concession ne soit publiée et affichée, et la concession instituée, avant que toutes les conditions voulues par la loi aient été remplies.

Lors donc que des demandes ayant pour but d'obtenir des concessions des mines vous seront présentées, il conviendra, monsieur le préfet, avant d'y donner suite, que MM. les ingénieurs aient vérifié avec soin si les mines dont elles font l'objet existent véritablement.

Ces demandes, aussitôt leur réception, devront être enregistrées à leur date, sur le registre particulier qui doit être tenu à la préfecture, en conformité de l'article 22 de la loi, pour servir ultérieurement en tant que de besoin; mais il ne devra être procédé aux publications et affiches qu'après que les pétitionnaires auront satisfait à l'obligation qui leur est imposée de justifier de l'existence de la mine qu'ils sollicitent.

Je me réfère du reste, quant à la rédaction des projets d'affiches et à l'envoi qui doit m'en être fait, aux dispositions de la circulaire que j'ai adressée le 24 juillet 1834 à MM. les ingénieurs, et dont vous trouverez ci-joint un exemplaire.

Je vous prie de m'accuser réception de la présente circulaire, dont je transmets ampliation à MM. les ingénieurs des mines.

Recevez, monsieur le préfet, l'assurance de ma considération la plus distinguée.

Le conseiller d'état, directeur général des ponts-et-chaussées et des mines,

Signé LEGRAND.

Paris, le 5 novembre 1837.

Indemnités dues aux propriétaires du sol pour recherches de mines ou travaux d'exploitation. — Occupations de terrains par des concessionnaires de mines.

Monsieur le préfet, les personnes qui entreprennent des recherches de mines, et les concessionnaires qui exploitent les gîtes qui leur ont été concédés, sont tenus, aux termes de la loi du 21 avril 1810, de payer des indemnités aux propriétaires des terrains sur lesquels ils établissent leurs travaux.

L'instruction du 3 août, qui a eu pour objet de pourvoir à l'exécution de la loi, porte, dans sa dernière section, que toutes les discussions concernant ces sortes d'indemnités sont du ressort des tribunaux ordinaires.

Il y a eu erreur dans cette indication. En effet, les affaires dont il s'agit rentrent exclusivement dans la compétence des conseils de préfecture.

D'après l'article 10 de la loi, nul ne peut faire des recherches pour découvrir des mines, enfoncer des sondes ou tarières sur un terrain qui ne lui appartient pas, que du consentement du propriétaire de la surface, ou avec l'autorisation du gouvernement, donnée après avoir consulté l'administration des mines, à la charge d'une préalable indemnité envers le propriétaire et après qu'il aura été entendu.

L'article 43 énonce pareillement que les concessionnaires de mines doivent payer des indemnités au propriétaire sur le terrain duquel ils établiront leurs travaux.

Cet article ajoute que si les travaux entrepris par les explorateurs ou par les propriétaires de mines ne sont que passagers, et si le sol peut être mis en culture au bout d'un an, l'indemnité sera réglée au double de ce qu'aurait produit net le terrain endommagé.

Enfin l'article 44 dispose que si l'occupation de terrains pour recherches ou exploitations prive les propriétaires du sol de la jouissance du revenu au delà d'une année, ou si, après les travaux, les terrains ne sont plus propres à la culture, ces propriétaires auront la faculté d'exiger de l'auteur des recherches, ou de l'exploitant, qu'il achète les pièces de terre trop endommagées ou dégradées. Ce même article porte que l'évaluation du prix sera faite, quant au mode, suivant les règles établies par le titre XI de la loi du 16 septembre 1807 sur le dessèchement des marais, mais que le terrain à acquérir sera toujours estimé au double de sa valeur.

Toutes ces dispositions sont corrélatives entre elles. Les articles 10 et 43 posent le principe que des indemnités sont dues; le second paragraphe de l'article 43 et l'article 44 déterminent d'après quelles bases ces indemnités seront réglées, dans quel cas le propriétaire de la surface pourra exiger qu'on lui achète son terrain. Enfin le second paragraphe de l'article 44 indique comment il sera procédé dans ces diverses circonstances; il porte que l'on suivra les règles établies par le titre XI de la loi du 16 septembre 1807.

Cette dernière loi, au titre dont il est question, statue

que lorsqu'il s'agit de terrains nécessaires pour l'ouverture de canaux et de rigoles de desséchement, ou de terrains pour l'ouverture de canaux de navigation, de routes, etc., le conseil de préfecture réglera, soit le prix de ces terrains si la cession en doit être exigée des propriétaires, soit le montant des indemnités à payer lorsqu'ils ne devront être occupés que temporairement.

Ainsi c'est aux conseils de préfecture (déjà saisis, par la loi du 28 pluviôse an VIII, de la connaissance des demandes et contestations relatives aux indemnités dues aux particuliers à raison de fouilles opérées sur leurs terrains pour la confection de chemins, canaux et autres ouvrages publics) que la loi du 21 avril 1810, en se référant à la loi du 16 septembre 1807, a attribué le règlement des indemnités qui seraient à payer pour des travaux de mines, et l'évaluation du prix des terrains lorsqu'il y a lieu à obliger l'explorateur ou le concessionnaire à en faire l'achat.

Cela ressort non-seulement du texte de la loi, mais encore des discussions qui l'ont précédée. Lorsque le projet fut communiqué à la commission du corps législatif, cette commission demanda la suppression de l'article 44 et celle de l'article 46, qui renvoie expressément aux conseils de préfecture la décision des questions d'indemnités à payer par les propriétaires de mines pour recherches ou travaux faits par des tiers antérieurement à l'acte de concession ; elle proposait de le remplacer par une disposition unique, portant que toutes les questions d'indemnités à payer par les propriétaires de mines ou explorateurs *seraient jugées par les tribunaux et cours.* Le conseil d'état conserva ces deux articles, ou du moins il ne fit à l'article 44 que quelques modifications qui ne touchaient point à l'ordre des juridictions, maintenant ainsi positivement celle qu'il avait précédemment proposée, et qui a été instituée par la loi. L'intention formelle a donc été de réserver aux conseils de préfecture le règlement de ces diverses indemnités.

La loi du 16 septembre 1807 a, il est vrai, été modifiée en plusieurs points par deux lois subséquentes, par la loi du 8 mars 1810, et par celle du 7 juillet 1833. Mais la loi du 7 juillet 1833 n'a fait que tracer de nouvelles règles de procédure pour les matières que régissait la loi du 8 mars 1810 ; elle n'a point changé les juridictions. Quant à la loi du 8 mars 1810, elle a réglé tout ce qui concerne l'expropriation pour cause *d'utilité publique ;* elle a déterminé ce qui aurait lieu lorsque, par un motif d'intérêt général, la propriété du sol serait ôtée à ceux qui la possèdent. Elle ne s'applique point au cas où des propriétaires se trouvent seulement obligés de souffrir l'occupation de leurs terrains, et peuvent toujours, s'ils le veulent, en conserver la propriété. Ces derniers cas ont continué d'être régis, selon leur nature, soit par la loi du 16 septembre 1807, soit par celle du 28 pluviôse an VIII. La jurisprudence est formelle à cet égard; elle est établie par plusieurs arrêts du conseil d'état, qui ont décidé que lorsqu'une indemnité est demandée comme dédommagement pour l'occupation momentanée d'un terrain sur lequel des fouilles et extractions ont été effectuées, et non comme le prix d'un fonds dont l'expropriation aurait été ordonnée pour cause d'utilité publique, la fixation de cette indemnité doit être faite par le conseil de préfecture, conformément aux règles prescrites par les articles 55 et 56 de la loi du 16 septembre 1807.

En matière de mines, il n'y a pas expropriation du sol, mais simplement occupation momentanée du terrain. Ce terrain reste à son propriétaire, une partie de la jouissance lui est seulement ôtée pour un temps plus ou moins long, et elle lui est rendue quand les travaux de recherches ou d'exploitation sont épuisés. Si, dans certaines circonstances, lorsque les travaux durent plus d'une année ou rendent le sol impropre à la culture, la propriété peut passer entre les mains de l'exploitant, ce n'est pas, comme dans les cas prévus dans les lois des 8 mars 1810 et 7 juillet 1833, par une expropriation du propriétaire, contre son gré, c'est au contraire par la volonté de celui-ci, parce qu'il l'exige; c'est lui qui, usant de la faculté que lui confère l'article 44 de la loi du 21 avril 1810, force l'exploitant à acheter le terrain.

La loi du 16 septembre 1807 est donc restée applicable aux règlements de ces indemnités et aux occupations de terrains en matière de mines.

Ainsi c'est aux conseils de préfecture à fixer les indemnités qui peuvent être dues à un propriétaire du sol, en exécution des articles 10 et 43 de la loi du 21 avril 1810, par un explorateur de mines qui a obtenu du gouvernement la faculté d'étendre ses recherches sur des terrains appartenant à ces propriétaires, ou par un concessionnaire qui y entreprend des travaux.

Pareillement, c'est aux conseils de préfecture qu'en vertu de l'article 44 de la même loi, et des articles 56 et 57 de la loi du 16 septembre 1807, un concessionnaire de mines doit s'adresser pour être mis en possession d'un terrain compris dans le périmètre de sa concession, et nécessaire pour un travail d'art, soit passager, soit permanent.

L'instruction du 3 août 1810 ayant indiqué à tort une autre juridiction, ayant fait ainsi une fausse interprétation des dispositions de la loi du 21 avril, en ce qui concerne les articles 10, 43 et 44, M. le ministre des travaux publics, de l'agriculture et du commerce, a, sur ma proposition, pris un arrêté qui rapporte les dispositions de la section B, § 1er, de cette instruction, relatives à ces articles.

J'ai l'honneur, monsieur le préfet, de vous transmettre une expédition de cet arrêté.

Je vous prie de m'en accuser réception, ainsi que de la présente circulaire, dont j'adresse une ampliation à MM. les ingénieurs des mines.

Recevez, monsieur le préfet, l'assurance de ma considération la plus distinguée.

Le conseiller d'état, directeur général des ponts-et-chaussées et des mines,

Signé LEGRAND.

www.ingramcontent.com/pod-product-compliance
Ingram Content Group UK Ltd.
Pitfield, Milton Keynes, MK11 3LW, UK
UKHW020314220726
13923UKWH00003B/1140

9 782019 302887